«PAVILLONS»
Collection dirigée
par Maggie Doyle et Jean-Claude Zylberstein

DU MÊME AUTEUR

Chez le même éditeur

Écoute-moi, 2004
Antenora, 2007
Venir au monde, 2010

MARGARET MAZZANTINI

LA MER, LE MATIN

Traduit de l'italien par Delphine Gachet

ROBERT LAFFONT

Titre original : MARE AL MATTINO

ISBN : 978-2-221-13139-8
First published by Giulio Einaudi editore, Torino, ISBN 978-88-06-21113-4

A te con Dhaki
sul coche pequeño

Farid et la gazelle

Farid n'a jamais vu la mer, il n'a jamais mis les pieds dans l'eau.

Il se l'est imaginée des milliers de fois. Piquée d'étoiles comme le manteau d'un pacha. Bleue comme le mur bleu de la ville morte.

Il a cherché les coquillages fossiles enfouis depuis des millions d'années, au temps où la mer recouvrait le désert. Il a poursuivi les poissons lézards qui nagent sous le sable. Il a vu le lac salé, le lac amer et les dromadaires couleur d'argent qui avancent tels des navires de pirates usés. Il habite dans l'une des toutes dernières oasis du Sahara.

Ses ancêtres appartenaient à une tribu de Bédouins nomades. Ils s'arrêtaient dans les oueds, ces lits de fleuve recouverts de végétation, et ils montaient leurs tentes. Les chèvres allaient paître, les femmes cuisinaient sur les pierres brûlantes. Ils n'avaient jamais quitté le désert. Ils se méfiaient un peu des gens de la côte, marchands, corsaires. Le désert était leur maison, ouverte, sans limites. Le désert était leur mer de sable. Tacheté de dunes comme le pelage d'un jaguar. Ils ne possédaient rien. Rien que des traces de pas que le sable bientôt effaçait. Le soleil faisait glisser les ombres. Ils étaient habitués à résister à la soif, à se dessécher comme des dattes, sans mourir. Un dromadaire leur ouvrait la voie, une ombre longue et tordue. Ils disparaissaient au milieu des dunes.

Nous sommes invisibles aux yeux du monde, mais pas à ceux de Dieu.

Ils se déplaçaient avec cette pensée au cœur.

L'hiver, le vent du nord qui soufflait sur l'océan minéral desséchait les burnous de laine qu'ils portaient, la peau se racornissait sur les os comme celle des chèvres sur les tambours. Des malédictions ancestrales tombaient du ciel. Les creux de sable étaient des lames et l'on se blessait à vouloir toucher le désert.

Les vieux étaient enterrés là où ils mouraient. Abandonnés au silence du sable. Les Bédouins repartaient, lignes d'étoffes blanches et indigo.

Au printemps naissaient de nouvelles dunes, rosées et pâles. Des vierges de sable.

Le ghibli en feu approchait, escorté par le gémissement rauque d'un chacal. Comme des esprits voyageurs, de petits tourbillons de vent plissaient çà et là la surface du sable. Puis des rafales rasantes, aussi affilées que des cimeterres. Une armée ressuscitée. En un rien de temps le soulèvement du désert dévorait le ciel. La frontière avec l'au-delà n'existait plus. Les Bédouins se recroquevillaient sous le poids de cette tempête grise, s'abritaient derrière le corps des animaux tombés à genoux comme sous la chape d'une immémoriale condamnation.

Un jour ils s'étaient arrêtés. Ils avaient construit une muraille d'argile, et un enclos pour faire paître les bêtes. On voyait des sillons de roues dans le sable.

Parfois une caravane passait dans les parages. Ils se trouvaient sur la route des marchands qui, venus d'Afrique noire, coupaient à travers le désert pour rejoindre la mer. Chargés d'ivoire, de résines, de pierres précieuses, d'hommes enchaînés qu'ils allaient vendre comme esclaves dans les ports de la Cyrénaïque et de la Tripolitaine.

Les marchands reprenaient des forces dans l'oasis, ils mangeaient, ils buvaient. Une ville s'était élevée. Des murs d'argile sèche qui ressemblaient à un entrelacement de cordes, des toits de palmes. Les femmes vivaient en haut, séparées des hommes, elles traversaient les toits pieds nus. Elles marchaient jusqu'au puits, portant sur la tête des cruches de terre cuite. Elles ajoutaient au couscous des tripes de brebis, de la farine bouillie. Elles priaient sur les tombes des marabouts. Quand le soleil se couchait, elles dansaient sur les toits au son du ney, faisant onduler leur ventre comme des serpents engourdis. En bas les hommes façonnaient des briques, faisaient du troc, jouaient aux dés persans en fumant leur narguilé.

Aujourd'hui cette ville a disparu. Il n'en reste que le tracé, un sanctuaire érodé par le vent de sable. Tout à côté a surgi la ville voulue par le Colonel, bâtie par des architectes étrangers de l'Est. Des constructions de ciment, des antennes.

Tout le long, la route est jalonnée d'immenses portraits du Raïs, habillé en homme du désert, en musulman, en officier. Parfois il est impérieux, sérieux, parfois il sourit en ouvrant les bras.

Des gens sont assis sur des barils d'essence vides, des enfants osseux, des vieillards qui sucent des racines pour se rafraîchir la bouche. Les câbles électriques pendent mollement d'un bâtiment à l'autre. Le ghibli brûlant fait voler les sacs de plastique et les détritus laissés par les touristes du désert.

Il n'y a pas de travail. Rien que des boissons sucrées et des chèvres. Des dattes à conditionner pour l'exportation.

Beaucoup de jeunes s'en vont, ils rejoignent les zones pétrolifères, les grands blocs noirs. Les flammes éternelles du désert.

Ce n'est pas une véritable ville, c'est un conglomérat de vies.

Farid habite dans la partie la plus ancienne, dans l'une de ces maisons basses dont chacune des portes donne sur une même cour, avec un jardin sauvage et un portail toujours ouvert. Il va à l'école à pied. Il court sur ses jambes maigres qui sont toujours en train de peler comme des roseaux. Jamila, sa mère, a enroulé dans du papier quelques bâtonnets de sésame pour son goûter.

En rentrant de l'école, lui et ses camarades jouent avec une carriole : un assemblage de tôles qui remorque des boîtes de conserve. Ou bien ils jouent au ballon. Il se roule dans la poussière rouge, comme les cafards. Il vole des petites bananes et des grappes de dattes noires. Il grimpe le long d'une corde jusqu'à arriver là-haut, au plus touffu de ces plantes ombreuses.

Il porte une amulette autour du cou. Tous les enfants en portent une. Un petit sac de cuir renfermant des petites perles, ou une touffe de poils d'animal.

Les regards malveillants se porteront sur l'amulette et toi, tu seras à l'abri, lui a expliqué sa mère.

Omar, son père, est technicien, il installe des antennes de télévision. Il règle le signal. Il sourit aux femmes qui ne veulent pas manquer l'épisode de la série télé égyptienne ; pour elles, c'est un sauveur des rêves. Jamila est jalouse de ces femmes stupides. Elle, elle a étudié le chant. Mais son mari ne veut pas qu'elle chante dans des mariages ou des fêtes publiques, et encore moins pour les touristes. Alors Jamila chante pour Farid, il est son seul public dans ces pièces aux tentures et aux tapis précieux, au lourd parfum d'armoise et d'herbes aromatiques, sous le dôme du plafond de chaux.

Farid est amoureux de sa mère, de ses bras qui font du vent comme les feuilles de palmier, de son souffle lorsqu'elle chante l'un de ces maloufs si débordants d'amour et de larmes que son cœur se gonfle si fort, si fort qu'il doit le tenir serré dans ses deux mains pour ne pas qu'il tombe par terre, dans la bassine en fer pour l'eau de pluie, toute rouillée et désespérément sèche.

Sa mère est très jeune, on dirait sa grande sœur. Quelquefois, ils jouent aux mariés, Farid peigne ses cheveux, lui attache son voile.

Le front de Jamila est un gros galet rond, ses yeux sont ourlés comme ceux des oiseaux, ses lèvres ressemblent à deux dattes tendres et mûres.

C'est un crépuscule sans vent. Le ciel est couleur pêche.

Farid s'assoit contre le muret du jardin. Il regarde ses pieds, les orteils crasseux qui sortent des sandales.

Une coulée de musc s'infiltre dans une fissure, Farid s'approche pour renifler cette odeur fraîche. À ce moment-là seulement, il s'aperçoit qu'un animal respire tout à côté de lui. Si près de lui qu'il ne peut pas bouger, son cœur bat dans ses pupilles.

Il a peur que ce soit un aoudad, ce mouflon à grande barbe et longues cornes, protagoniste de tant de légendes. Son grand-père lui a dit qu'il apparaissait au fond de l'horizon entre les dunes ainsi qu'un méchant mirage. Cela fait maintenant très longtemps que personne n'a vu d'aoudad, mais grand-père Mussa assure qu'il se cache encore dans l'oued noir de croûtes de sable, là où aucune forme de vie ne résiste. Il est très en colère contre toutes ces jeeps qui massacrent le désert, qui le déplacent avec leurs roues.

Mais l'animal n'a pas de touffes de poils blancs, ni de cornes lunaires, et il ne grince pas des dents. Il a un pelage sable et des cornes tellement fines que l'on dirait des brindilles. Il regarde Farid, peut-être a-t-il faim.

Farid comprend que c'est une gazelle. Une jeune gazelle. Elle ne s'enfuit pas. Ses yeux, écarquillés, si proches de lui, sont limpides et calmes. Son pelage est secoué par un vertige. Peut-être qu'elle tremble elle aussi. Mais elle aussi, cette rencontre l'intrigue trop pour qu'elle recule. Farid lui tend tout doucement une branche, la gazelle ouvre une bouche aux dents plates et blanches, elle arrache quelques pistaches fraîches. Elle s'éloigne à reculons, sans le quitter des yeux. Puis, tout à coup, elle fait demi-tour, saute par-dessus le muret de boue séchée et se met à courir en soulevant le sable, plus loin que l'horizon des dunes. Le lendemain, à l'école, Farid remplit des pages et des pages de gazelles, il les dessine tout de travers, au crayon, il les colorie en frottant son doigt sur les pastilles de gouache.

La télé passe en boucle le film produit par le Raïs, avec Anthony Quinn dans le rôle du légendaire Omar el-Mokhtar. Le guerrier bédouin qui s'est battu comme un lion contre les envahisseurs italiens. Farid est fier, son cœur bat jusque dans ses os. Son père s'appelle Omar, comme le héros du désert.

Il joue à la guerre avec ses amis, avec des sarbacanes qui crachent des pistaches, des cailloux rouges apportés par les tempêtes.

T'es mort ! T'es mort !

Ils se disputent parce que personne n'a envie de se jeter par terre et d'arrêter le jeu.

Farid sait que quelque part la guerre a éclaté.

Ses parents complotent jusque tard dans la nuit et ses amis disent que des armes sont arrivées depuis la frontière, ils ont vu qu'on les déchargeait des jeeps pendant la nuit. Eux aussi ils aimeraient bien avoir une kalachnikov, une roquette.

Ils font partir quelques feux de Bengale tout près du vieux mendiant sourd.

Farid saute, il s'amuse comme un fou.

Hicham, le plus jeune de ses oncles, qui fait ses études à l'université de Benghazi, a rejoint l'armée des rebelles.

Grand-père Mussa, qui guide les touristes jusqu'à la Montagne maudite, qui sait reconnaître les empreintes laissées par les serpents et interpréter les dessins rupestres, dit qu'Hicham est stupide, qu'il a lu trop de livres.

Il dit que le Caïd a recouvert la Libye de goudron

et de ciment, qu'il l'a remplie de Touareg noirs venus du Mali, qu'il a gravé les mots de son ridicule *Livre vert* sur tous les murs, qu'il est allé aux quatre coins du monde rencontrer des financiers et des politiques, entouré de femmes magnifiques comme un acteur en vacances. Pourtant c'est un Bédouin comme eux, un homme du désert. Il a défendu leur race persécutée tout au long de l'histoire, reléguée à la marge des oasis. Il vaut mieux l'avoir lui que les Frères musulmans.

Hicham a répondu *mieux vaut la liberté*.

Omar grimpe sur le toit, il installe le satellite. Ils captent une chaîne qui n'est pas cryptée par le régime. Les villes de la côte sont en feu. Maintenant ils savent que le prophète de l'Afrique unie tire sur sa chère Jamahiriya. Désormais, il est seul dans la forteresse du pouvoir. Quand il voit Misrata détruite par les tirs, grand-père Mussa arrache du mur l'affiche du Caïd, il en fait une boule et la jette sous le lit.

Le télégramme est arrivé. Hicham a perdu la vue. Un éclat en plein visage. Ses yeux ne liront plus aucun livre. Tout le monde pleure, tout le monde prie. Hicham est à l'hôpital de Benghazi. Il est vivant, c'est déjà ça, il n'est pas emballé dans un sac vert comme le fils de Fatima.

Dans les rues, les gens grattent des murs les mots écrits par le Raïs, ils les recouvrent d'inscriptions qui exaltent la liberté et d'images qui caricaturent le gros rat couvert de médailles en toc. La statue devant la médina est décapitée à coups de pierres.

C'est la nuit, trouée seulement par une petite ampoule nue qui n'arrête pas de tressauter comme si elle toussait. Omar vide un sac de marché sur la table, il contient de l'argent. L'argent des économies d'Omar, les euros et les dollars que grand-père Mussa a gagnés en guidant les touristes du désert. Omar compte l'argent, puis il descelle une pierre et le cache dans le mur. Il parle avec Jamila, il met ses mains autour des mains jointes de sa femme. Farid ne dort pas, il regarde cet agrégat de mains dans l'obscurité qui tremble comme une noix de coco sous la pluie.

Omar dit qu'il faut partir. Qu'ils auraient dû partir depuis longtemps. Il n'y a pas d'avenir dans le désert. Et maintenant, c'est la guerre. Il a peur pour leur enfant.

Farid pense que son père se trompe, il ne doit pas avoir peur pour lui, il est prêt pour la guerre, comme son oncle Hicham. Il a essayé, les mains sur les yeux, de voir comment ça fait quand on est aveugle. On se cogne un peu, mais ça ne fait rien.

Farid s'assoit contre le muret du jardin.

La gazelle arrive toujours sans bruit, un saut léger et la voilà. Avec ses yeux ourlés de noir, sa pupille de diamant, ses oreilles plus claires et touffues à l'intérieur, ses fines cornes qui s'enroulent en spirale. Ils sont amis maintenant. Farid ne l'a dit à personne. Mais il a toujours peur que quelqu'un les surprenne. Lui aussi il est terrorisé à l'idée que l'on pourrait la capturer. Elle est jeune et sans défense, elle court des risques. Elle s'approche trop près, elle entre dans la zone habitée. Elle s'aventure, nerveuse sous sa robe, les muscles tressaillant. Prête à s'enfuir d'un bond, à quitter les lieux. Il faut qu'ils réapprennent à se faire confiance. Ils appartiennent au même désert mais à des races différentes. Farid s'aplatit contre le mur, il attend de voir les naseaux noirs de la gazelle respirer pour respirer à son rythme. Elle incline le museau, elle veut jouer. Un jour, elle s'assoit sur ses pattes arrière, on dirait sa mère quand vient le soir. La même pose altière.

Un matin de printemps. Omar est au travail, au sommet d'un toit. Il raccorde les fils électriques, il attend l'étincelle. Le signal qui garantit qu'on pourra regarder la série. En ce moment, parfois il y a du courant électrique et parfois non, par à-coups. Les femmes ne veulent pas penser à la guerre, elles veulent pleurer d'amour. Elles veulent savoir si l'homme au grand cœur va découvrir que l'enfant est son fils, et si le méchant va tomber du haut de la côte rocheuse avec sa voiture noire.

Farid a vu Omar reculer, chercher un appui dans le vide, tomber, se relever. D'autres hommes sont montés sur les toits, tenue de camouflage et casque jaune d'ouvrier, mais eux, ils tirent. Ils pointent leurs armes vers le bas, vers les gens sur le marché qui se sauvent en hurlant. Ce sont les troupes loyalistes. Beaucoup sont des étrangers, des *murtaziqa*, des mercenaires enrôlés dans d'autres conflits armés subsahariens. Quand ils tirent, ils hurlent comme dans les films. Un milicien à demi nu s'est accroupi pour faire ses besoins. Peut-être qu'il a trop bu de jus de tamarin, ou peut-être qu'il a peur. À présent il s'est remis à tirer comme ça, le pantalon baissé sur les jambes.

Omar est resté là, à les regarder. Il a essayé de leur parler, de les arrêter. Ils lui ont enfoncé un fusil dans la bouche, *ou tu viens te battre avec nous ou tu es mort*. Farid a vu son père glisser vers la gouttière. Il lui manquait une chaussure, on voyait sa chaussette, beige, une de celles que Jamila raccommodait le soir. Ils lui ont mis un pistolet entre les mains. Omar a tiré en l'air, vers le ciel, vers les oiseaux qui n'étaient pas là. Puis il a laissé tomber le pistolet. L'homme sans pantalon a fait chuter son père du toit.

Farid a vu les pick-up avec les mitraillettes, les bazookas, les visages sales et hallucinés, les drapeaux verts ceignant les têtes. Ils ont même tué les bêtes, pour faire peur aux gens.

Heureusement, la gazelle n'était pas venue ce jour-là. Elle n'approchait que s'il y avait du silence.

Jamila a attendu que la nuit tombe. Cette nuit qui n'est jamais assez sombre. La pleine lune éclairait les collines de sable et les palmeraies, les immeubles et les maisons d'argile qui dardaient leurs pointes aiguës pour se protéger des maléfices.

Elle a caché Farid sous la trappe où l'on range les provisions, entre les feuilles de thé et les morceaux de viande fumée suspendus. Autour de la maison, des lueurs d'incendie, des bruits de détonation. Une odeur d'essence brûlée dans le sable.

Elle a traîné le corps de son mari jusque dans la cour. Elle l'a lavé avec l'eau du puits.

Omar a des cheveux très épais, mouillés on dirait des grappes de raisin. Jamila nettoie ses oreilles, elle referme sa main sur ses cheveux : *quelle chance, mon chéri, les anges n'auront aucun mal à t'attraper, à te soulever jusqu'au ciel.* C'est une vieille croyance du désert, les morts, quand ils sont innocents, sont tirés jusqu'au ciel par les cheveux.

Dans les jardins alentour, d'autres femmes prient et pleurent. Certaines familles ont été capturées, utilisées comme boucliers humains.

À l'aube, le corps d'Omar a disparu.

Jamila parle à voix basse, à travers le mur d'argile. Elle s'adresse aux ancêtres, elle leur demande des conseils pour le voyage.

Farid est sorti de sa cachette. Il sent cette odeur étrange. Celle de l'onguent réservé aux défunts, il regarde la terre fraîchement remuée dans le jardin. La balançoire cassée que son père n'a pas eu le temps de réparer.

Il ramasse ses affaires, un cahier, son pull rouge pour l'hiver.

Il regarde la photographie de son grand-père coiffé d'un turban blanc, chevauchant un dromadaire devant l'oasis ; il porte des lunettes de vue et ses pieds maigres sont chaussés de sandales à lanières. Il copie le Coran sur des tables, il connaît les contes millénaires et les grandes batailles, celles des Romains et celles des Turcs. Il lui a raconté l'histoire du Château rouge, et celle des pirates. Il boite parce qu'il a sauté sur une mine oubliée depuis la guerre contre le Tchad. Parfois il l'emmène avec lui dans le désert. Farid a vu les mangeurs de vers, les dessins d'éléphants et d'antilopes sur les rochers, les empreintes de mains. Une fois, ils se sont perdus. Grand-père Mussa a dit que les vrais Bédouins meurent dans le désert, pris dans un tourbillon de sable, et qu'on ne peut rien souhaiter de mieux. Que Dieu les avait égarés pour qu'ils puissent rejoindre leur destin. *Le désert, c'est comme une belle femme qui ne se révèle jamais, qui apparaît pour aussitôt disparaître. Il a un visage qui change de forme et de couleur, volcanique ou blanchi par le sel. Un horizon invisible, qui danse et se déplace comme ses dunes.*

Farid a vu Jamila desceller la pierre, prendre l'argent et l'attacher autour d'elle dans une bande de tissu. Il a entendu le bruit de ses dents qui claquaient.

Il avait rassemblé ses quelques affaires de voyage dans un sac Adidas.

À travers les claustras, Farid a cherché la gazelle. Il voulait lui dire au revoir, sentir l'odeur de son souffle dans l'enceinte d'argile du jardin.

Ils sont partis à l'aube. Jamila a embrassé la dalle de pierre devant la porte. Farid a pensé au parfum qu'avaient certains après-midi, quand sa mère enlevait son voile et se mettait à danser, pieds nus, en soutien-gorge. Son ventre, petit, brillant d'huile d'argan, bougeait comme bouge la terre. Une croûte terrestre que faisait danser la vie. C'était ça, le centre de la maison. La pierre du salut.

Jamila a saisi la clef, elle l'a arrachée de la serrure, elle l'a prise avec elle. Ils courent entre les maisons et les colonnes de fumée, ils filent comme des rats. La guerre est dans le pâté de maisons à côté, les projectiles traçants embrasent le ciel. La clef tombe dans la poussière. Sa mère ne se baisse pas pour la ramasser.

— Ça fait rien, Farid, on n'a pas le temps.

— Et comment il va faire, papa, pour rentrer ?

— Il appellera un serrurier.

Jamila ne lui a pas dit qu'Omar est un ange tombé au milieu du désert.

Farid regarde autour de lui. Où sont partis ses amis, la piste des autos-tamponneuses sous la tente, les kiosques de glaces et de lunettes de soleil ?

À l'entrée de la ville, maintenant, on se croirait

dans une foire. Tous les gens ont un regard animal. Ils transpirent, leurs cheveux, leur nez transpirent. Tous, ils crient en cherchant quelque chose. Au-delà de la porte, il y a le désert. Ils se mettent à la file, derrière les autres, ceux qui ont des matelas roulés sur le dos, des valises qui ne rentrent pas dans les autobus.

Beaucoup pensent qu'ils seront en sécurité dans les camps de réfugiés, de l'autre côté de la frontière. Jamila sait que cet itinéraire est dangereux, les hommes des milices loyalistes contrôlent des kilomètres de fil barbelé, ils tirent sur les fuyards.

Eux, ils prendront la direction de la mer. Dans un camion bourré de paquets et de Noirs entassés comme des esclaves qui a failli ne pas s'arrêter pour les laisser monter. Jamila crie, elle se lance à sa poursuite. Ils montent en marche : d'abord Farid, comme un singe, puis elle.

Farid voit une jeep, les roues en feu, renverser un vieillard. C'est la première image qu'il a de cette traversée du désert.

Il n'arrive pas à garder les yeux ouverts, sa mère a mis son voile sur son visage pour le protéger du sable. Les roues du camion descendent et montent les dunes.

Des kilomètres de silence, seulement le bruit rauque du moteur. C'est une scène de guerre, de toutes les guerres. Des êtres humains transbahutés comme du bétail. On ne s'arrête pas pour pisser.

Ils ont tous les yeux fermés, la tête basse, blanche de sable.

L'horizon est visqueux. Le ghibli balaye la terre constellée de détritus. Des carcasses de voitures brûlées, des ordures qui bougent.

Grand-père Mussa lui a dit que tout ce qui se trouve dans le désert appartient au désert et a une utilité, parce qu'on pourra l'utiliser pour autre chose, pour une autre vie.

Le sable laisse affleurer des guenilles bigarrées. Une chemise, un jean qui paraissent vides, comme des tissus desséchés étendus sur le sol. Un peu plus loin, une chaussure.

Puis des têtes dévorées par la chaleur, enfouies dans le sable. Les cheveux et les mâchoires. Les mains, comme des caroubes racornies.

Dans le camion, des hurlements puis le silence. Jamila se penche en avant et vomit. Farid a son voile sur les yeux, il voit le cimetière à ciel ouvert à travers ce filtre pâle.

Ce sont tous des Noirs. Morts depuis quelques mois déjà. Avant la guerre. Leurs vêtements sont intacts, aucun projectile ne les a tués.

Tout le monde sait qui ils sont. Ce sont les réfugiés du Mali, du Ghana, du Niger, que les caravaniers ont abandonnés au milieu du désert après les accords du Raïs avec l'Europe pour bloquer les flux migratoires des sans-espoir.

Dieu dans le désert, c'est l'eau et c'est l'ombre.

Il y a une bouteille en plastique vide tout près

d'une main décharnée. Le tout dernier geste avant la mort.

Mais où est Dieu, dans ce désert-là ?

Jamila a soif. Soif. Elle fouille dans son sac, elle verse de l'eau sur la tête de son enfant, elle lui arrache le voile de la bouche. Elle le fait boire, elle le serre contre elle. *Bois, Farid, bois.*

Ils sont seuls au monde désormais.

La maison est une coquille d'argile qu'ils ont abandonnée derrière eux.

Puis des arbustes, certains avec quelques bourgeons blanchâtres. Un buisson d'alisma. L'air est plus doux, le ghibli rugit paresseusement comme un félin fatigué qui se retire.

C'est la zone prédésertique. Des rangées de vigne. Des murs de pierres sèches, éboulés. Des hameaux abandonnés comme on en voit dans les campagnes toscanes. C'est l'un de ces anciens villages ruraux habités par les colons italiens. Un champ d'oliviers tourmentés. Des arcades ouvertes sur le néant.

Du sable est rentré dans le moteur. Le camion s'arrête. L'homme qui conduit a le visage caché par un chèche de Touareg, des yeux rouges, des yeux âgés qui hurlent de descendre. Et puis, soudain, le bruit d'une explosion, si proche que les cris s'arrêtent net ; le ciel pourtant est tranquille. Un vol d'oiseaux messagers passe, ils forment un dessin changeant. Le Touareg parle dans son portable, il vocifère en tamasheq, Farid ne comprend pas.

Le disque du soleil est haut dans le ciel. Cela fait deux heures qu'ils attendent. Farid et Jamila déambulent dans la citadelle fantôme, ils cherchent un endroit où se poser. Il y a une place, il y a l'ancienne mairie. Ils se glissent dans l'église. Le toit, au milieu, s'est écroulé, l'abside est fissurée. Le sol est en terre, avec quelques briques. Ils se laissent glisser contre le mur, ils se partagent le pain. Jamila prie. Ce n'est pas une mosquée, mais cela ne fait rien. C'est une ombre où des gens se sont agenouillés et ont parlé avec la voix du silence.

Un Noir a enlevé ses chaussures. L'un de ses pieds est enflé, on dirait un monticule tout pelé. Il vient de la savane, cela fait des jours qu'il marche. Il a peur de la gangrène, il geint. Un Somalien s'approche. Avec son briquet, il fait rougir la lame d'un couteau pour inciser le pied du Noir. Puis il l'enveloppe dans une feuille. Comme les dattes avant qu'on les mette en boîtes pour les touristes.

Ils se sont remis à marcher.

Le vrombissement d'un moteur, et une moto des sables apparaît à l'horizon.

Un gros homme avec un tee-shirt orné d'une bouteille de Pepsi-Cola ; au-dessus, il y a écrit *ishrab pepsi*.

Farid regarde le tee-shirt qui lui donne une soif d'un autre monde.

L'homme prend en charge le groupe des vacanciers. C'est lui qui les conduira jusqu'à la mer.

Tout le monde se met en route derrière la moto

qui ressemble à un tracteur lunaire. Le Noir traîne son pied bandé de vert. Certains ont abandonné leur matelas, d'autres une casserole trop lourde. Ils avancent dans le silence le plus complet. Avant ils parlaient, mais plus maintenant. Rien que les gémissements de la femme enceinte. Même si elle a l'air d'être plus forte que les hommes. Elle cache son état sous des couches de vêtements noirs, peut-être qu'elle a peur d'être chassée, obligée à rebrousser chemin.

Une file de cafards traverse les dunes.

Ils laissent la trace séculaire des Bédouins errants, une ligne d'empreintes que le sable balayera. Ils sont rendus à leur destin. S'orienter au milieu du néant.

Grand-père Mussa n'a pas voulu partir, il est resté dans le jardin, les pieds dans la bassine, à regarder les aigles qui tournent dans le ciel, à la recherche des gros lézards du désert.

Jamila n'est pas triste. Elle se laisse couler, elle reprend son souffle devant un nouveau banc de sable. Maintenant, elle porte Farid sur ses épaules, enveloppé dans un sein maternel de tissu, comme quand il était petit.

Jamila est jeune, elle a un peu plus de vingt ans. C'est une jeune veuve avec son enfant. Le désert est leur coquille.

Farid a une amulette autour du cou.

L'horizon change, il se tache d'une végétation brûlée. Un mur de caroubiers. Une longue descente flanquée de lauriers-roses en fleur.

C'est une odeur que Farid n'a jamais respirée, sauvage, profonde.

C'est ça, l'odeur de la mer, de ses étendues brillantes, de ses abysses bleus ?

Ils se sont tous mis à courir, tête baissée entre les barres d'épines des figuiers de Barbarie. Farid descend du dos de Jamila, il abandonne sa petite chamelle. Il court, il roule entre le sable et les tamaris. C'est la première fois qu'il quitte le désert.

Une main collecte l'argent sur la plage. Un autre homme qui porte un turban, mais vêtu comme un citadin. Une veste claire, tachée de sueur au cou, aux épaules. Le gros homme hurle. La bouteille de Pepsi-Cola tressaute sur son ventre mou. Il faut qu'ils se dépêchent, ils sont à découvert. Même s'ils contrôlent la situation. Les prétoriens loyalistes ont reçu l'ordre de laisser partir les embarcations. Maintenant, le Raïs veut que la Méditerranée se remplisse de miséreux pour faire peur à l'Europe. C'est sa meilleure arme. La chair flétrie des pauvres. C'est de la dynamite. Elle fait exploser les centres d'accueil, les hypocrisies de ceux qui gouvernent.

À présent, sur la plage, ils protestent tous.

Ils regardent avec dépit cette grande coquille de noix rouillée, immobile sur l'eau. On dirait un autobus renversé, pas un hors-bord.

Tous, ils crient, ils secouent la tête.

Ce bateau est trop cher, trop vieux. Ce bateau est dégueulasse.

L'homme qui est vêtu avec élégance demande : *vous vous attendiez à quoi, à une croisière ?* Il hurle que, pour lui, l'affaire s'arrête là. Qu'il embarquera un autre chargement de fuyards, moins bêtes qu'eux. Il fait de grands gestes du bras, il dit qu'ils doivent partir, laisser la place, retourner dans les buissons, dans le désert. Il crache par terre, il dit qu'il n'a pas de temps à perdre avec des rats.

Il jette l'argent sur le sable. Un garçon le ramasse mais l'homme ne veut plus entendre parler d'eux, il remonte dans sa jeep. Le garçon le suit, à la fenêtre de la portière, il le supplie *s'il vous plaît, au nom d'Allah*. Il y a tant de femmes, et même sa femme à lui, qui est enceinte. Il demande à l'homme s'il a des enfants. L'homme ouvre violemment sa portière sur lui. Il descend. Il met l'argent dans son portefeuille. Chacun retient son souffle. Le trafiquant d'hommes marche sur le sable, avec ses chaussures brillantes. Il ouvre le coffre de la jeep, il déverse dans le sable des packs d'eau en plastique. *J'ai aussi pensé que vous auriez soif.* Ils le remercient tous. Jamila ramasse une bouteille de cette eau bouillante comme du thé, elle la glisse dans son sac.

Farid regarde la mer. Pour la première fois de sa vie. Il la touche du bout du pied, il la recueille au creux de ses mains. Il la boit et il la recrache.

Il pense que la mer est grande, mais pas autant

que le désert. Elle s'arrête là où commence le ciel, juste après cette bande bleue, horizontale.

Il croyait qu'il allait pouvoir marcher dessus comme les navires des pirates. Mais la mer est mouillée et elle vous aspire par-dessous. Les vagues avancent et reculent, semblables au linge étendu de sa mère. Dès que Farid bouge, on dirait qu'elles le suivent.

La femme enceinte retrousse ses habits pour entrer dans l'eau mais elle finit par se mouiller jusqu'au cou. Elle ouvre sa bouche, maigre, pleine de dents trop grandes, on dirait un dromadaire qui a peur du feu.

Ils ont tous commencé à monter dans le bateau, à se hisser, à escalader.

La barque s'est enfoncée à fleur d'eau.

Deux garçons du Malawi, plus dégourdis que les autres, marchent pieds nus comme des marins, ils font la loi à l'intérieur du bateau. Ils ouvrent les jerrycans fixés par des élastiques à la poupe, ils y fourrent leur nez. Ils veulent s'assurer qu'ils sont vraiment pleins de gasoil. Le gros homme hurle que ce sont de sales peureux, des fils de pute *ifriqiyyun*, des esclaves échappés des ghettos des oasis. Il a entré la route du navire sur le GPS et il est descendu d'un bond. Il s'est mouillé jusqu'à la ceinture. Il donne un coup dans le bateau. *Bonne chance, fils de pute*.

Farid regarde la mer, limpide, compacte comme de la céramique bleue. Il cherche les poissons, leur dos, les premiers morceaux de la vie qui commence. Jamila l'embrasse, elle s'amuse avec ses cheveux. *Il va durer combien de temps, le voyage ?*

Pas très longtemps, juste le temps de chanter une petite berceuse.

Jamila s'est mise à chanter avec sa voix de rossignol, elle siffle, elle imite le son de la zokra. Sa voix descend jusqu'au ras des flots. Puis elle s'endort. La tête menue d'une gazelle, d'une grande sœur. Farid regarde derrière lui, il repère un trou entre les corps. On ne voit plus la côte. Rien que la mer qui monte et descend. Il se souvient de sa maison, de la balançoire, des faïences aux dessins couleur de rouille et d'émeraude, tout autour du puits. Il pense à la gazelle. Elle allait et venait, en toute liberté. Toujours au coucher du soleil. Elle lui mangeait dans la main, à la fin. Il arrachait les dattes, les pistaches et il les lui tendait, la paume de main bien à plat, comme sur un plateau ; il pense au bruit, puis à l'odeur de sa bouche. Il y avait des taches à l'intérieur, sur la langue. Elle avait une odeur d'oued, d'eau à peine sortie de terre. Le plus joli minois du monde, hormis celui de sa mère. Ce jour-là, il l'a serrée contre lui. Il ne savait pas qu'il n'allait jamais la revoir. Sa robe couleur poudre brûlée devenait lumineuse dans le soleil finissant. Son poil avait l'odeur d'un tapis. Cette même odeur que Farid sentait dans le désert, lorsqu'il aidait grand-père Mussa à monter la tente et qu'ils dormaient sur le tapis de prière.

Ça lui est égal de laisser son passé derrière lui. C'est un enfant, il est trop petit pour avoir conscience du temps qui passe. Tout tient au creux d'une main, ce qu'il connaît comme ce qui l'attend.

D'abord il ressent de l'excitation, puis de la peur, puis de la fatigue, puis plus rien. Il a vomi, maintenant il n'a plus rien à rendre. Le soleil les poursuit comme une langue affamée, fait goutter sur leur front chaleur asphyxiante et transpiration.

La mer est monotone, il n'y a jamais rien de nouveau. Cela ne sert à rien de la regarder, c'est comme si on regardait un animal sans tête, avec des milliers de croupes qui ondulent. De la chair bleue, écume rejetée par une bouche au fond de l'eau. Farid cherche cette tête qui ne se montre jamais, elle affleure à la surface pour disparaître aussitôt.

Il se demande quel visage a la mer.

L'un des gamins somaliens a tiré sur les vagues, tout à l'heure. Pour essayer une des fusées de détresse. Elles ne marchent pas, elles sont aussi pourries que le bateau. Le garçon et ses amis ont trop bu, ils se sont brûlé l'estomac et le cerveau. Maintenant, ils en viennent aux mains.

Tous sont pâles, gris comme des cordes. Ils ont tous vomi. Le vomi se répand par terre, sur le pont pourri, au rythme du roulis.

Jamila dit à son fils qu'il faut regarder un point fixe à l'horizon pour échapper au mal de mer.

Farid cherche au fond de la poche du ciel, là où le soleil dilue l'horizon.

Il reçoit en plein visage la fumée noire du gasoil. Sa mère le tient tout contre elle. Il recherche son contact, son odeur. Mais maintenant Jamila est imprégnée d'odeur de gasoil. C'est l'odeur du voyage, de l'espoir.

Farid a mal aux yeux, aux jambes. La mer, à présent, est toute de travers, le bateau penche fortement d'un côté. Ils ne peuvent pas bouger, c'est la place qu'on leur a attribuée. Un interstice entre les corps. Une fillette gémit, deux hommes crient dans un dialecte que Farid ne connaît pas. On étouffe, le soleil fait venir des croûtes sur les lèvres. Sa mère rationne l'eau. Elle lui donne des gorgées de plus en plus petites, qui ne suffisent même pas à rincer la langue. Ils font leurs besoins dans un seau commun qu'on vide ensuite dans la mer. Des animaux ? Quelque chose de plus. Les animaux n'éprouvent pas cette grande peur de mourir. La mer est un monde en soi. Un monde à l'intérieur du monde. Avec ses lois, sa force. Elle enfle, elle se soulève. Le bateau ressemble à la carapace d'un scarabée mort. Ceux que Farid trouvait dans le sable fin, desséchés par le ghibli. Le soleil est rentré dans la tête de Farid. Il ne veut pas partir, même quand Farid ferme les yeux. Il pense aux feuilles des câpriers sauvages. Celles que sa mère mâchonnait, celles qu'elle mettait sur son front pour le guérir. Il pense au vendeur ambulant qui pelait les figues de Barbarie d'un geste rapide, magique. Jamila lui émiette dans la bouche un bâtonnet de sésame mais sa gorge est une paroi de sable.

La mer est une montagne qui grandit. Farid a peur de ces dunes d'eau. Le moteur ahane comme un chameau à l'agonie.

La nuit il fait froid, la température descend avec l'eau, la mer devient papier noir. Elle exhale une brume qui stagne et mouille les vêtements. Farid tremble. Sa mère l'a enveloppé dans son voile tout humide, collant comme une écorce. Farid a froid, là-dessous. Le vent est mauvais et cinglant. Farid se serre contre le corps anguleux de sa mère, il cherche la chaleur de son sein. Elle aussi elle tremble, on dirait un de ces nœuds de serpents, faits de reptiles grouillants. Cela faisait déjà un moment qu'elle ne le laissait plus se blottir contre son sein, *tu es trop grand maintenant*. Mais là, c'est elle qui l'y pousse, un peu de la chaleur de la journée est restée là comme dans les pierres. Finalement, c'est une chance de se trouver si près l'un de l'autre, c'est une chance le vent, la mer. Farid dort. Il pense aux grosses feuilles de palmier sous lesquelles il se réfugiait quand il se mettait à pleuvoir. Un jour, il a entendu Aghib, le vieux qui cousait en plein soleil les chaussures berbères pour les touristes, dire que tout ce qui se passait chez eux était la faute du pétrole, que s'il n'y avait pas eu cet or noir sous le désert aucun dictateur n'aurait eu envie d'imposer sa loi, et aucun étranger ne serait venu les défendre en lançant des missiles cruise. Le vieil Aghib a pointé contre la poitrine de Farid son doigt que des milliers de piqûres d'aiguille ont durci : *Le pétrole, c'est la merde du diable, faut pas te fier à ce que tu crois être une chance. Parce que c'est pire qu'un piège pour attraper les singes. C'est toujours la même chose : ce qui fait la fortune des riches fait le malheur des pauvres.*

Farid n'a pas perdu confiance en la gazelle, en son museau qui venait jusqu'à la porte de la maison pour manger les restes.

Il fait nuit noire et la lune est partie. Le garçon qui met le gasoil dans le moteur s'éclaire à la flamme de son briquet en plastique, il titube et il jure parce que la flamme s'éteint avec l'humidité de la mer. Les bras de sa mère sont moins forts, ils tombent en même temps que le bateau, ils cèdent comme des roues dans le désert.

Farid attend l'aube. Il attend l'Italie. Là-bas les femmes se promènent nu-tête et il y a des milliers de chaînes de télévision. Ils débarqueront au milieu des lumières, quelqu'un prendra des photos d'eux. On lui donnera des jouets, on lui donnera du Coca et de la pizza.

Rachid, le père de grand-père Mussa, a déjà fait ce voyage au début du siècle, quand les Italiens ont mis le feu aux villages, ont chassé les Bédouins de leurs oasis pour les parquer dans des zones réservées, les ont entassés comme des chèvres. Rachid était un garçon joyeux, il jouait du tabla et il recueillait la résine des hévéas ; ses frères moururent au cours du transfert forcé, lui, il fut embarqué et relégué dans ces îles qu'on appelle les îles Tremiti. Personne n'a jamais su s'il y était mort ou s'il y avait recommencé une nouvelle vie.

Farid regarde la mer.

Grand-père Mussa lui a parlé du voyage de son père.

Une tempête de sable s'était levée, un vent de poussière grise balayait la côte, comme si le désert se rebellait contre cet exode cruel. Les Bédouins montèrent sur les navires avec leurs tuniques crasseuses, leurs visages émaciés par des mois de famine, les yeux affligés et fixes d'un troupeau que l'on pousserait dans le vide.

Un jour Mussa, déjà adulte, était arrivé jusque-là à bord de la Toyota d'un groupe d'archéologues du désert. C'étaient de jeunes hommes venus de Bologne, ils avaient dormi tous ensemble dans les anciens campements touareg, visité les nécropoles des Garamantes et les labyrinthes blancs des Ghadames.

Depuis le golfe de Syrte, Mussa avait regardé la mer qui avait englouti son père. Il avait pensé à s'embarquer, à aller le chercher en Italie. À se présenter devant lui, grand et élégant comme il l'était, avec ses lunettes anglaises en os, sa djellaba blanche. Il rêvait de prendre son vieux père dans ses bras et de le ramener sur le dos d'un dromadaire, jusque dans son désert.

La rouille de la nostalgie grinçait entre les dents tel du sable.

Mais tout ce bleu lui fit peur. Il eut l'impression qu'une main le saisissait au cou pour le tirer en arrière. La peur ancestrale de la mer.

Il eut quand même le temps de voir un groupe de femmes, des touristes à demi nues qui mangeaient des mûres dans un panier de feuilles tressées et qui buvaient du jus de citron vert.

Il rentra chez lui avec cette histoire à raconter, une histoire qui, année après année, devint plus osée : les femmes étaient chaque fois un peu plus dénudées, un peu plus aguichantes, comme les vierges du paradis.

Farid regarde la mer et il pense au paradis.

Son grand-père lui a dit que là-bas les femmes sont plus belles, la nourriture meilleure et les couleurs plus vives, parce qu'Allah est le peintre de l'aube.

Farid pense à la photographie de son père Omar, celle qui était accrochée dans la salle à manger et que le photographe avait retouchée au pinceau. Les lèvres plus rouges, les cils plus noirs, le regard plus profond.

Il ne ressemble en rien au légendaire Omar el-

Mokhtar. Il n'a pas de convictions politiques. Il est timide, il n'a pas les nerfs solides.

Farid regarde la mer.

Les larmes coulent de ses yeux, elles cheminent lentement sur le duvet de son visage blanchi par le sel.

Couleur silence

Vito marche sur les rochers, il descend dans la crique de sable. Il a laissé le village derrière lui, le bruit d'une radio allumée, d'une femme qui vocifère en dialecte. Rien que le vent et les vagues qui se jettent à l'assaut des rochers semblables à des bêtes sauvages en colère, elles s'accrochent d'une patte, elles écument, puis elles se retirent. Vito aime bien la mer les jours de tempête. Quand il était petit, il se précipitait dans la mer, il se laissait *fouettegifler*. Angelina, sa mère, s'égosillait sur la plage. Il la voyait, minuscule, s'agiter tel le Sarrasin du théâtre de marionnettes. Elle n'était pas grand-chose, avec sa robe qui lui battait les jambes. La mer était bien plus puissante. Prendre son élan, chevaucher la vague déferlante, glisser comme sur du savon puis se laisser engloutir et racler le sol, pris dans la spirale rageuse du tourbillon. Il se faisait rouler sur le fond trouble, remué par le sable et les gros galets qui laissent groggy. La mer dans le nez, dans le ventre. La vague le tirait en arrière, ça faisait peur.

Mais toute joie véritable renferme une peur.

Le maillot rempli de sable, les yeux blessés, douloureux, les cheveux comme des algues. C'étaient ses plus beaux souvenirs. Devenir un chiffon qui ne pèse plus rien. Trembler de joie et de peur. Les lèvres bleues, les doigts gourds. Il sortait juste un instant, en courant. Il se jetait dans la chaleur du sable, il tremblait et il s'abattait là tel un rouget à l'agonie. Puis il retournait à l'eau. Il ne pensait à rien. Plus poisson qu'homme, c'est ainsi qu'il se sentait. Et même s'il ne revenait pas, qu'est-ce que ça pouvait faire ? Qu'est-ce qui l'attendait sur la rive ? Sa mère en colère en train de fumer. Les *polipetti murati*, ces petits poulpes en sauce que faisait sa grand-mère. Et les devoirs de vacances, cette abomination. Parce qu'il n'y a rien de pire que les livres et les cahiers, l'été. Et lui, il était toujours recalé. L'éternel ajourné.

Un jour, en allant le repêcher, Angelina avait marché sur un oursin, elle avait perdu ses lunettes de soleil. Cette fois-là, elle lui avait mis une raclée. Tiré par les cheveux sur le sable, jeté sur la plage comme un poulpe. Ce jour-là, il l'avait détestée de toutes ses forces. Ce jour-là, il avait compris qu'elle l'aimait plus que tout au monde. Quand était venue la nuit, elle l'avait fait dormir dans son lit, dans les draps blancs froissés, tout près d'elle, de son odeur, de ses mouvements. Elle était séparée, sa mère. La nuit, elle se mettait devant la porte, sous le palmier, elle fumait debout, un bras en travers du ventre, le paquet de cigarettes à la main. Elle parlait toute seule, elle remuait les lèvres en silence. Les cheveux collés sur le front, elle faisait d'étranges mimiques. On aurait dit un singe prêt à sauter.

À présent Vito est grand. Ils habitent en dehors de Catane, ils ne reviennent dans l'île que l'été, parfois à Pâques. Ce sont les derniers jours de vacances, sa mère doit reprendre son travail à l'école. Vito en a terminé avec l'école. Il en a fini avec le piège infernal des versions recopiées, des mensonges. Le réveil à sept heures du matin et la mauvaise haleine. Il a eu son bac, à force de coups de pied, de cours particuliers, mais il l'a eu. Il s'en est même bien sorti. La commission l'a *trouvé sympathique*. Il a fait un travail de recherche sur les *Tripolini*, les Italiens de Tripoli expulsés par Kadhafi en 1970. Il est parti de ce boucher de général Graziani et il est arrivé jusqu'à sa mère.

Il a parlé du mal d'Afrique. De la nostalgie qui devient poisseuse. Du voyage qu'ils ont fait ensemble, pour y retourner. En Libye.

Cela a été une libération totale. Le lendemain il a fait un énorme caca. Jamais il n'en avait fait un pareil. Il a fait la fête dans une discothèque et il a embrassé une fille. C'est pas grave si, après, elle lui a dit qu'elle n'aurait pas dû. Vito a quand même connu cette bouche, il a durci et il a tremblé. Comme dans les vagues quand il était petit.

Vito regarde la mer, il est pieds nus. Il a des pieds préhensiles, calleux comme ceux des marins. À la fin de l'été, c'est toujours ainsi. Ses pieds sont fin prêts à rester là, à vivre nus sur les rochers et les cailloux.

L'été s'est étiré indéfiniment, sans rien de contraignant à faire. Il a dormi tard, il s'est peu baigné. Il est descendu à la plage à demi abruti. Il a lu quelques livres à l'intérieur de la grotte tandis que les crabes montaient puis repartaient en arrière.

Aujourd'hui il porte un tee-shirt et un pantalon, le vent s'est levé.

Vito regarde les déchets, les morceaux de bateaux et tout le reste, vomis sur la plage qui ressemble à une décharge maritime.

De l'autre côté de la mer, il y a la guerre.

L'été s'est révélé tragique pour l'île. Toujours la même tragédie, cette année plus intense.

Vito s'est peu rendu au village. Il a vu le centre d'accueil exploser, empester comme un zoo. Il a vu tous ces gens au désespoir qui faisaient la queue devant la cuisine installée sous une tente, devant les toilettes de chantier. Il a vu les champs, sous la lune, constellés de toiles argentées. Il a vu Tindara, leur voisine, hurler, manquant mourir de peur parce qu'un Tunisien s'était introduit chez elle pour la cambrioler. Il a vu les garçons qu'il a connus quand il était petit et à qui il ne dit même plus bonjour préparer d'énormes marmites de couscous pour le repas arabe de ces malheureux.

Vito ne sait pas ce qu'il va faire de sa vie, il voudrait se lancer dans des études d'art, c'est une idée qui lui est venue cet été, dont il n'a encore parlé à personne. Il dessine bien, c'est la seule chose qui lui a toujours semblé facile, naturelle. Peut-être parce qu'il n'y a pas besoin de raisonner, juste laisser courir sa main. Peut-être parce qu'il a passé beaucoup de temps à gribouiller sur ses cahiers, sur les bancs, au lieu d'étudier.

Il regarde ce qui reste d'une barque, sur un flanc il y a des bandes bleues et vertes, une étoile et un croissant de lune arabes.

Il n'a même pas mangé une darne de thon cet été, ni même un pageot. Rien que des œufs et des spaghettis. Il n'aime pas penser à ce que mangent les poissons. Il en a rêvé une nuit, un haut-fond sombre et un banc de poissons réfugiés dans une tête humaine à l'image des anémones de mer dans une grotte.

L'an dernier encore, il pêchait, il immergeait un petit sac rempli de coquilles de moules et de restes de nourriture qu'il attachait à un flotteur. À l'aube, il allait ramasser les poulpes qui s'étaient collés au sachet et cherchaient à y plonger leurs tentacules. Quand ils étaient gros, il fallait lutter, ils se collaient à lui, il les arrachait. Et les calamars, avec une lampe, la nuit. Avec une canne à pêche, sur le port. Avec une foëne, dans les grottes. Arracher de la chair vivante à la mer, il aimait trop ça.

Cet été il n'a pas pensé à plonger en apnée. Il est resté dans son hamac. Et même au village, il n'y est allé que lorsque c'était indispensable. Toute cette souffrance, cette pagaille. Il y a une partie de l'île à laquelle le monde n'accède pas. Il suffit de s'éloigner de quelques pas et l'on se trouve hors de la zone des débarquements et des journaux télévisés.

Vito regarde la mer. Sa mère lui a dit un jour *il faut que tu trouves un endroit, à l'intérieur de toi, autour de toi. Un lieu qui te corresponde.*

Qui te ressemble, au moins en partie.

Sa mère ressemble à la mer, le même regard liquide, le même calme qui cache la tempête.

Elle ne descend jamais jusqu'à la mer, seulement le soir, parfois, quand le soleil couchant teinte les rochers de rouge jusqu'au violet, le ciel jusqu'au sang, et l'on croirait que c'est le dernier soleil du monde.

Vita l'a regardée marcher sur les rochers, Angelina, les cheveux ébouriffés par le vent, sa cigarette éteinte à la main. Grimper tel un crabe avec la marée. Cela a duré un instant, à peine. Il a eu peur qu'elle ne revienne jamais.

Sa mère a été arabe pendant onze ans.

Elle regarde la mer comme font les Arabes, comme on regarde un couteau. Et déjà elle saigne.

Grand-mère Santa a débarqué en Libye avec la vague migratoire de 1938. C'était la septième d'une fratrie de neuf. Son père et ses oncles étaient céramistes. Ils étaient partis de Gênes sous une pluie battante, le ciel constellé de mouchoirs trempés qui saluaient ce départ vers la « quatrième rive ».

Grand-père Antonio, lui, était arrivé avec le tout dernier bateau, celui qui avait levé l'ancre en Sicile, chargé de sacs de semences, de pieds de vigne, de plants de piment. C'était un gamin maigre, au teint olivâtre, portant un béret plus grand que son visage. Il n'avait jamais traversé la mer, il habitait à l'intérieur des terres, derrière l'Etna. Il était d'une famille de paysans. Ils dormaient sur des sacs. Antonio avait vomi tripes et boyaux. À l'arrivée, il était aussi livide qu'un cadavre, mais l'odeur de là-bas l'avait tout de suite retapé. Une odeur de café, de menthe, de gâteaux parfumés. Même les chameaux de la troupe militaire ne sentaient pas mauvais. Vito a entendu son grand-père raconter cela des milliers de fois : le débarquement à Tripoli, Italo Balbo sur l'hydravion juste devant eux, l'immense drapeau tricolore étalé sur la plage, Mussolini à cheval brandissant l'épée de l'Islam en direction de l'Italie.

On les avait emmenés à Tripoli : une journée de vacances pour visiter la ville. Puis on les avait conduits dans des villages de la campagne. Ils se retrouvèrent devant des kilomètres de désert où ne poussaient que quelques arbustes. Ils se mirent au travail. Beaucoup de ces Italiens étaient juifs.

Ils se lièrent d'amitié avec les Arabes. Ils leur apprirent leurs secrets d'agriculteurs. C'étaient des pauvres au milieu d'autres pauvres. Leurs fronts étaient sillonnés des mêmes rides de terre et de labeur. Ils mangeaient du pain sans levain, cuit sur la pierre, ils mettaient les olives à saler. Ils creusèrent des puits, ils construisirent des murs pour protéger les cultures du vent du désert.

Il se trouva que Santa et Antonio habitaient des fermes voisines. Ils aidèrent leurs parents dans leurs travaux agricoles, ils virent grandir les plantations d'agrumes sur le sable, ils apprirent l'arabe. Ils échangèrent leur premier baiser à Benghazi, pendant un spectacle équestre donné par des cavaliers berbères en l'honneur du Duce.

Puis la guerre éclata. L'avion d'Italo Balbo fut abattu à Tobrouk par les forces antiaériennes italiennes. Par erreur, déclara-t-on. Les feux de Bengale anglais illuminèrent le ciel. Les colons italiens furent chassés, renvoyés chez eux.

La famille d'Antonio fut embarquée à bord du *Conte Rosso* qui coula sur le chemin du retour, touché par les torpilleurs britanniques.

Mais quand la guerre se termina, ils revinrent sur des embarcations de fortune, des bateaux de pêche pourris et trop chargés, de véritables arches de Noé. Comme les barques de ces pauvres gens aujourd'hui. Un retour en arrière, traverser de nouveau le *Mare Nostrum* pour retrouver les maisons, les années de labeur, de champs cultivés. Ou simplement par amour. Ce que fit Antonio, dix-sept ans.

Il voyagea clandestinement, caché sous un tas de filets puants comme un poisson crevé, dans la cale d'un chalutier parti de Marsala. Il débarqua à demi mort à Tripoli, où la famille de Santa s'était installée parce que son père travaillait pour le réseau d'égouts de la ville.

Les Tripolitains accueillirent ceux qui avaient survécu aux traversées tels des frères. Ils éprouvaient de l'antipathie pour les Anglais. Les Italiens étaient basanés par le soleil, ils parlaient un peu l'arabe, ils buvaient le thé à la menthe sur les tapis au soleil couchant. Ils avaient connu les mêmes terres volcaniques. Ils étaient des survivants comme eux, ils n'étaient que débrouillardise et faim.

Puis, dans les années 1950, ils firent fortune, eurent des enfants, ouvrirent des restaurants, créèrent des entreprises dans l'artisanat et dans le bâtiment. Ils cultivèrent des kilomètres de sable.

Antonio était petit et maigre. Un sternum proéminent comme celui des goélands, sous-alimenté depuis des générations. Santa était une force de la nature. Grande à toucher le plafond. Brune aux yeux verts. Un double grain de beauté qui paraissait bouger sur son visage, semblable à une fourmi qui cherche à grimper. Ils se marièrent à la cathédrale. Antonio portait une veste aussi longue qu'un pardessus. Santa un voile très court. Ils filèrent sous les réverbères et les palmiers de la promenade du bord de mer, près du Château rouge, dans une charrette arabe tirée par deux ânes bardés de clochettes et de petits miroirs qui reflétaient la fabuleuse lumière du coucher de soleil derrière la médina.

Ils reprirent une fabrique de bougies, en développèrent l'activité. Ils illuminèrent les fêtes chrétiennes et les veillées mortuaires dans les mosquées.

Une fois par semaine, Gazel, l'apiculteur, ouvrait le coffre d'une vieille Ford et leur remettait des blocs grossiers, caoutchouteux, bruns comme du tabac mais dorés à l'intérieur comme de la résine. Santa faisait fondre les blocs de cire sur une flamme quasi invisible. Quand la cire entrait en ébullition, elle enlevait avec une écumoire toutes les impuretés, les débris d'alvéoles qui flottaient, grisâtres et graisseux à l'image de restes de placenta. Puis elle la raffinait, jusqu'à ce que la cire, d'abord jaune, devienne neutre et inodore, *couleur silence*, disait-elle. Antonio préparait les mélanges pour la colorer, il la coulait dans les moules, la parfumait à la cardamome, aux agrumes, plaçait les mèches. Il donnait libre cours à son imagination en laissant tomber dans la cire encore molle des pétales de rose ou un cœur de palmier. Il passait et repassait un petit rouleau à motifs hexagonaux sur les bandes de cire destinées aux bougies nid d'abeilles, il les étendait comme s'il préparait des pâtes pour le repas. Il enroulait les plaques de cire à mains nues, ses paumes étaient douces et insensibles à la chaleur.

Ils allèrent s'installer dans le quartier ouvrier des Case Operaie.

Un premier enfant naquit, Vito, qui mourut quelques mois plus tard et fut enterré dans le cimetière italien d'Hammangi.

Les bandes de cire restèrent suspendues dans la fabrique sans lumière telles des langues maladives.

On était en 1959, tout à coup le pétrole jaillit à Djebel Zelten. La « Grosse Caisse de sable » qui n'exportait jusque-là que de la ferraille, des débris de la Seconde Guerre mondiale, perdait son visage misérable. Et commença la guerre des compagnies internationales de pétrole.

C'est à cette époque que Santa fut de nouveau enceinte. Elle pria dans l'église Saint-François. Tous les matins, à l'aube, elle sortait de la poche de son tablier sa plus belle bougie, elle l'allumait aux pieds du saint.

Et Angelina se présenta par le siège. En Italie, elle serait née par césarienne. À Tripoli, elle naquit à la maison, avec l'aide d'une sage-femme teinte au henné jusqu'aux coudes qui, à la main, fit se retourner le bébé.

Angelina alla au jardin d'enfants chez les sœurs blanches, puis à l'école primaire Roma. Tous les matins elle traversait le pont au-dessus de la voie de chemin de fer. Elle mangeait des graines crues dans le souk, le poivre du felfel lui brûlait le nez. Elle filait en bicyclette jusqu'à la place de la Glacière. Elle allait se baigner à la plage des Bains sulfureux. Elle y attendait le passage des Anges volants, qui faisaient des acrobaties sur leurs mobylettes. Tripoli était tout simplement sa ville. Le chant du muezzin scandait les heures de sa journée. Elle savait qu'elle était étrangère. *Talienne*. Ses origines étaient quelque chose en plus, une richesse supplémentaire. Un jour, peut-être, elle partirait étudier à l'université. Mais ensuite elle reviendrait. Sa vie était là, entre l'arc de Marc Aurèle et le mûrier. Dans cette lumière qui touchait la terre et se teintait du rouge incendiaire du désert et du vol joyeux des *moula-moula*.

Il y eut la guerre des Six Jours, puis le pogrom contre les Juifs. Les morts, les maisons incendiées. Le boucher tué devant son étal de viande.

Puis arriva ce triste jour de septembre. Le couvre-feu. La ville prise sous la chape du non-dit, livrée à l'indécision du silence.

Tout le monde pensa que le roi Idris était mort.

Il n'était pas en ville. Il était parti se faire soigner en Turquie. Le vieux roi sénousite s'était montré assez frileux pour soutenir la cause arabe, il était obséquieux avec les étrangers, il avait laissé les Américains construire la plus grande base du réseau contrôlant la Méditerranée. Mais il était populaire et on le respectait. Maigrichon, inoffensif, s'appuyant sur une longue canne tordue, avec sa grande barbe d'enchanteur.

Dans la fabrique de cire, Antonio était suspendu à la radio.

Il apprit la nouvelle du coup d'État fomenté par ce jeune garçon du désert, beau comme un acteur, séduisant comme un martyr.

Charismatique comme son idole, l'Égyptien Nasser.

Pas de bain de sang, rien que des drapeaux verts. La révolution du peuple, avait-on dit. Même s'ils étaient vraiment peu nombreux, le Bédouin de la Syrte et ses douze apôtres, tous plus jeunes les uns que les autres.

C'était le jour de l'ouverture de la chasse. Gazel, l'apiculteur, était parti sur la trace des antilopes. Angelina avait rencontré Ali, son fils, dans la rue, à Sciara Mizran, il était tout excité, les rues étaient en fête, d'immenses véhicules à chenilles avançaient pacifiques comme de gros jouets. Ils se mêlèrent à la foule, ils coururent ensemble jusqu'au bord de la mer, jusqu'à l'esplanade devant le Château. Ils se baignèrent longuement, infiniment. L'eau était tellement claire que le fond ressemblait à un tapis, et ils flottaient à la surface, aussi légers que des poissons volants.

Ils restèrent là jusqu'à ce que le soleil se couche, leurs deux corps si proches, les maillots qui séchaient sur eux. Ils parlèrent du futur. Ali voulait toujours parler du futur. Il était à peine plus âgé qu'elle, mais en cet après-midi de septembre on aurait déjà dit un homme.

Ils commencèrent par les Juifs.

Ceux-là qui avaient vécu librement à Tripoli même sous le fascisme, qui s'étaient lancés dans le commerce colonial, qui avaient bu du thé protégés par des gazébos de tulle, qui avaient dansé dans les cercles privés, au mépris des lois raciales promulguées à Rome.

Un jour, Renata et Fiamma, deux camarades de classe d'Angelina, ne répondirent pas à l'appel.

La directrice vint. La maîtresse partit dans le couloir, en larmes.

Angelina regarda la carte d'Italie affichée au mur, les palmiers derrière la fenêtre. Elle regarda les deux places vides. Elle avait onze ans. Elle venait juste de rentrer en sixième. Ses seins étaient comme deux boutons prêts à éclore. Elle portait des sandales blanches et depuis deux mois elle se parfumait.

Angelina ne se doutait pas qu'elle non plus, elle ne finirait pas l'année scolaire. Peu de temps après l'école allait fermer, entassés les bancs, arrachés l'abécédaire et le crucifix.

Tout ce qu'elle regardait n'était qu'une étape de sa vie. La mer derrière la casbah, la fontaine de la Nymphe, le marché couvert et le cinéma Gaby. Si elle avait eu un appareil, il aurait fallu qu'elle prenne des photos, comme une touriste. De sa maison. Du plateau d'*arancini*, ces petites oranges siciliennes. Des vieux qui jouaient aux dominos sous le mûrier. De son ami Ali ruisselant d'eau de mer, les mains sur les hanches, le masque sur la tête, le tuba entre ses dents d'une blancheur éclatante.

Angelina ne savait pas que le jeune Kadhafi allait expulser jusqu'aux morts du cimetière d'Hammangi. Que l'Italie devrait ramener les dépouilles de milliers et milliers de soldats morts en Libye.

Que son père et sa mère, leurs amis du village d'Oliveti, ceux des rues voisines, la Sciara Derna et la Sciara Puccini, du quartier ouvrier Case Operaie, ceux qui avaient construit les routes, les immeubles, les fosses d'égout, qui avaient transformé le désert en verger, que tous ceux-là allaient payer pour les méfaits du colonialisme cruel et velléitaire de l'Italie libérale de Giolitti et de la quatrième rive fasciste.

La cire coule par terre, elle recouvre le sol de l'entrepôt, une pâte sans odeur, couleur silence. La porte bat dans son encadrement. Un chat venu du port, empestant le poisson, miaule d'une voix rauque.

Santa et Antonio regardent la mer, leur fille entre eux deux.

Les palmiers du cours de Sicile fléchissent dans le vent, ils penchent tous du même côté. Le ghibli va se lever, il apportera cette poussière grise, sable dans la bouche, dans les cheveux, entre les doigts. Ils ne seront plus ici. Dire au revoir à sa vie n'est pas difficile. C'est une aube de plomb. Ils sont en vie, c'est l'essentiel.

Vito regarde la mer qui commence à s'apaiser, qui se retire. On dirait que cela le met en colère. Elle se brise sur les rochers, avec indolence, au hasard, sans plus beaucoup de vigueur. L'eau est trouble, après la tempête de la nuit on n'en voit plus le fond. Vito pense à une discothèque à l'aube, à la moquette sale, à l'odeur nauséabonde de fumée et de sueur mêlées. Les canapés défoncés, les cendriers qui débordent, les mégots et les bouts de verres cassés par terre. Il pense à la fête de ses dix-huit ans.

Ses amis ont trop bu, ils ont avalé quelques pastilles. Ils les a vus danser en transe, se balancer d'avant en arrière presque sans avancer, comme un banc d'algues malades. Les pieds entravés par leur délire. Aucun d'entre eux ne sait quoi faire de sa vie, sauf ceux qui font le même métier que leurs parents et qui prendront la suite.

Vito non plus ne sait pas quoi faire de sa vie.

Jusqu'à présent il n'y avait pas vraiment réfléchi. Il se la coulait douce. Ses préoccupations : sortir, trouver de l'argent pour sortir, pour l'essence, pour la bière, pour le kebab, arnaquer sa mère, se faire dicter les devoirs par téléphone, négocier un trajet en voiture avec un copain qui a le permis pour aller à Catane le samedi soir manger quelque chose et voir les vitrines du cours d'Italie, les films, les Noires de la rue Di Prima.

Avoir dix-huit ans, ça lui a fait un choc. Voilà qu'il s'est mis à réfléchir.

Dans cette discothèque qui ressemblait à une décharge, de vie, d'années de jeunesse. Et cela lui avait semblé très triste, qu'il n'y ait pas de vieux mais seulement des jeunes. Il pensait à sa grand-mère Santa, à ses vêtements sombres et à ses cheveux blancs, à ses mains toujours propres, tout le temps à rincer des légumes. C'était bizarre de penser à ça. À la maison il ne parlait jamais à personne et voilà que tout à coup il aurait voulu que sa grand-mère soit là, à côté de ce sourdingue de DJ.

Une fille pleurait dans un coin, tellement bourrée qu'elle ne pouvait pas se lever. Les jambes comme des poteaux, les talons comme dans du plâtre. Son maquillage, plus noir que ses cheveux, lui dégoulinait sur les joues, traçant deux autoroutes. Et lui, il s'était lancé à toute allure sur ces deux files noires. Combien de fois ses amis s'étaient-ils amusés à doubler la nuit, sur l'autoroute, le moteur à fond dans les virages. Le bitume défilant si vite qu'on ne le voyait pas, les yeux telles des billes rouges dans le noir.

Ils jouaient à s'aveugler avec les lasers nocifs des Chinois. Ils criaient. Ils riaient. Ils fumaient.

Ils auraient pu se planter des dizaines de fois. Finir dans les journaux. Image d'une de ces voitures semblables à une boîte de thon ouverte. Et dessous, les photos d'identité des occupants.

Il pensait à son visage sans barbe, sur sa carte d'identité. Faite quand il avait seize ans. Il avait une crête et l'air débile. Il faisait encore tout gamin.

Il fallait qu'il aille faire une autre photo au photomaton, une autre carte d'identité. À présent il était majeur. À présent il pouvait quitter la maison. Il pouvait aller en prison.

Personne ne s'approchait de la fille dans l'obscurité trouée de flashs de la discothèque, lui non plus n'y pensait pas. Elle était repoussante. Elle ne semblait même pas triste. On aurait dit une fontaine noire, qui n'avait pas d'autre raison de vivre que de se trouver là, à pleurer. Elle ne faisait pas de peine. On avait l'impression qu'on pouvait l'attraper, la tirer par l'épaule et la flanquer dehors. Elle se serait arrêtée pour pleurer sous un laurier-rose, son visage aurait gardé la même expression. C'était une de ces filles qui rentrent chez elles comme elles sont, qui laissent dégouliner sur le coussin leur rimmel, leurs joues noires, salées, amères. Après, elles prennent une douche, elles mettent une serviette hygiénique, elles s'assoient au comptoir, elles recommencent à ondoyer comme des algues. Et dès qu'elles retrouvent un pouf dans une discothèque elles se remettent à pleurer, comme ça, sans raison, parce qu'elles n'ont jamais arrêté, parce que c'est leur façon de s'exprimer ou de s'isoler ou d'attirer l'attention. Ça ne change pas grand-chose. C'est toujours pareil. Pareil à cette autre fille, toute maigre, mais qui rit, elle. Qui rentre dans une boîte et se met aussitôt à rire, peut-être juste parce qu'elle a des dents blanches qui deviennent phosphorescentes dans les jeux de lumière. Tout le monde danse. Personne n'y fait attention. Ce sont des comportements qui migrent, qui se déplacent d'un corps à l'autre. Des tentatives de vie. Répéter du mieux qu'on peut ce qu'on sait faire. Faire sortir les émotions avec la violence d'une grêle. Comme si ce n'étaient pas les tiennes. Toi, tu ne fais que les essayer, juste pour voir, tu les danses avec les autres. Tu n'es qu'une figure sur laquelle s'abat la grêle, sur laquelle passent les lumières des projecteurs.

Ensuite, il ne se rappelle plus comment c'est arrivé, il l'avait embrassée avec la langue, cette grosse dondon qui transpirait de partout. Il lui avait roulé une pelle.

Vito regarde l'horizon farineux et aveugle. Il regarde la plage, un dépotoir d'objets vomis par la mer. La mer qui à présent ressemble à un couvercle, la même couleur d'argent qu'une pièce de monnaie.

Traverser ce bras de mer dans un sens puis dans l'autre, c'est ça, l'histoire de sa famille.

Angelina lui a raconté comment on les avait chassés, le fusil sur les reins, en les poussant dans le dos. Cette vie arabe amputée, la plage des Bains sulfureux, le mûrier de la Sciara Derna, l'école Roma, les amis pour la vie.

Tout cela balayé en un matin de tempête.

Une vie brisée en mille morceaux, c'est ça, l'histoire de sa mère.

Sa mère sait ce que cela veut dire, affronter la mer pour retourner d'où l'on vient.

À côté des oiseaux migrateurs.

Angelina lui a dit : les oiseaux savent laisser leurs œufs bien à l'abri. Nos œufs à nous ont été cassés. Sacrifiés. Nos maisons dans une valise. Sortir de sa coquille pour courir, fuir.

En ne laissant derrière soi qu'un fil chargé de

vêtements auxquels quelqu'un a mis le feu. Des chemises, des caleçons en flammes. Des soldats aux bérets rouges parmi les plantes d'eucalyptus qui hurlent *rumi !* Italiens ! et crachent par terre.

Angelina se souvient d'un soldat, celui qui en empoignant la barre pour fermer la porte a renversé le chaudron où la cire bouillait. Le teint mat mais des yeux bleus et des cheveux tellement blonds qu'ils semblaient teints. Il était né d'un viol.

Elle ne savait rien des violences de guerre. Elle apprendrait ces choses-là plus tard. Quand on lui parlerait des viols, quand elle verrait les photographies des fosses communes dans le sable, les rangées de Bédouins pendus.

Elle avait onze ans en 1970, Angelina. Elle venait d'entrer en sixième.

Les hurlements, les files d'attente devant les bureaux des ministères, devant le consulat. L'autorisation pour demander le visa d'expatrié. Le certificat d'indigence. Tout le monde court dans n'importe quelle direction en se collant aux murs à la façon des lézards, pour recueillir des nouvelles qui changent chaque jour. Personne n'entre plus dans la casbah... les rideaux des boutiques baissés... et ces deux hommes affreux, l'un avec de grosses lèvres violettes et humides et l'autre plus mat de peau, à bord de cette Alfa qui ralentit à l'approche des quartiers italiens, à la hauteur des maisons et des magasins qui seront très bientôt expropriés.

Angelina se souvient du soir du vaccin anticholéra. Pendue à la veste de sa mère, à son visage aussi pâle qu'une bougie. Couleur silence, exactement.

Pourquoi lui avait-on fait ce vaccin obligatoire qui arrivait d'Italie ? À quoi cela rimait-il ? Ils lui avaient injecté sans changer de seringue. Heureusement, il n'y avait pas eu de conséquence.

Lorsqu'elle a raconté cette histoire à son fils, elle a remonté sa manche. Elle lui a montré l'endroit exact où l'aiguille avait piqué.

Vito prenait des notes pour le mémoire à présenter au bac.

— Je peux pas tout mettre, m'man...

— Alors pourquoi tu poses autant de questions ?

Cette nuit-là Angelina comprit ce que c'était que la guerre. Quand la confiance a déserté de partout. Cette sensation de vide, de s'être fait tout prendre. Si on fait un faux pas, si on regarde là où il ne faut pas, si les jambes se dérobent un peu. Au-delà de la ligne, il y a l'abîme. Des Arabes en uniforme qui jaugent votre agitation.

Santa la tenait tout contre elle, elle lui malaxait la main. Le cœur d'Angelina battait comme un tambour et elle avait peur de ce bruit qu'elle n'arrivait pas à faire taire. Il battait tellement fort, il lui semblait que tout le monde pouvait l'entendre. Ce n'était plus un cœur, c'était un marteau, le même bruit que lorsqu'on battait le cuivre sur le marché. Tout autour, la nuit était un embrasement noir. Tout ce qui lui avait semblé tacitement amical devenait guet-apens. Les haies de figuiers de Barbarie, les pointes des minarets. Elle pensa au massacre de Sciara Sciat, elle l'avait étudié à l'école. Ces bersagliers italiens, tellement jeunes, embarqués dans cette fanfaronnade qu'était la conquête coloniale, entrant tranquillement dans la ville silencieuse et blanche comme une crèche. Tripoli avait été prise sans peine, on aurait dit que les Arabes avaient capitulé, qu'ils s'étaient réfugiés dans le désert. L'ennemi, c'étaient les Turcs. Et puis ces appels, mystérieux comme ceux des oiseaux, ces ombres enturbannées, aussi agiles dans l'obscurité que des scorpions. Ce front à découvert, sans possibilité d'abri. Le labyrinthe de l'oasis d'un côté, le souffle du Sahara de l'autre. Quelques bersagliers voulurent trouver refuge dans le petit cimetière de Rebab, tout près. Ils furent six cents à mourir cette nuit-là, égorgés, torturés, crucifiés comme des pantins. C'était un soir d'octobre 1911.

Les représailles des Italiens furent terribles, les habitants du quartier de la Manscia sortis de force de leurs maisons de boue séchée, les villages de l'oasis incendiés, des milliers d'exécutions sommaires, ceux qui en avaient réchappé embarqués pour être exilés dans les îles italiennes : Tremiti, Ustica, Ponza.

Et voilà qu'aujourd'hui, la haine revenait, intacte.

C'était cela, la révolution du Bédouin de la Syrte, dont le corps sous l'uniforme était marqué par les mines abandonnées là après les guerres coloniales.

Partout dans la ville, des bûchers s'enflammaient :

livres européens, écrivains blasphémateurs, impérialistes et corrompus.

Taliens assassins ! Taliens, dehors !

Angelina tendit son bras pour le vaccin. Elle ne broncha pas. Une goutte de sang perla. Une stupide goutte de sang.

Ils abandonnèrent la maison, les lits, le commerce de bougies. Antonio laissa les clefs de la Coccinelle sur le tableau de bord. Il avait pensé les jeter dans le sable mais il s'était ravisé. Avec cette voiture, les jours de fête, ils allaient jusqu'aux fouilles de Leptis Magna, pour manger des sandwichs près de la tête de Méduse et se baigner.

Ils se dirigèrent à pied vers le port. Ils attendirent des heures et des heures, on les fouilla, on les traita à la manière des criminels.

Les amies arabes d'Angelina se griffaient le visage pour exprimer leur douleur, comme elles le faisaient seulement lors de funérailles.

Elles avaient joué ensemble à la marelle, à un deux trois soleil sur le trottoir de pierre devant la cirerie.

Ma sha' Allah, que Dieu te protège.

Vito regarde la mer.

Angelina lui a parlé du coussin, elle le serrait contre elle sur la banquette. Un coussin de satin amarante avec des broderies au fil doré. C'est son ami Ali qui le lui avait donné. Ce gamin maigre, grand pour son âge. Les cheveux lisses et brillants, d'un noir presque bleu, avec la raie sur le côté. Quand ils allaient nager, il enlevait ses lunettes et il les roulait dans son tee-shirt. Elle agitait les doigts. *Y en a combien ?* De loin, Ali ne voyait presque rien et il se trompait à chaque fois. Cela l'énervait, c'était un enfant susceptible. Mais il faisait semblant de rien. Il entrait dans l'eau, nageait comme un poisson, collé au fond, et si longtemps qu'elle le croyait mort. Elle se mettait à le chercher des yeux, à espérer qu'il allait réapparaître. Ali émergeait tout à coup, au milieu de la mer immobile. Il prenait son élan depuis le fond, en donnant un grand coup de pied dans le sable, et il jaillissait hors de l'eau à la manière d'un dauphin.

Le fils de Gazel l'apiculteur venait avec son père, tapi sur le siège noir tout déchiré de la Ford rouge. En plus de la cire, ils chargeaient dans leur voiture des cages de poules, des paniers de raisin. Ali avait une casquette de base-ball rayée, d'épaisses lunettes et toujours un livre à la main.

Un jour, il l'avait emmenée voir les ruches des abeilles. Ce fut leur première promenade, Angelina monta dans la Ford. Ils longèrent les ruines romaines jusqu'à un village berbère. Ali donna une protection à Angelina, un grand tablier métallique et une voilette pour le visage. Lui, au contraire, se déshabilla. Il enleva ses lunettes, il resta torse nu. Il se laissa entièrement recouvrir par les abeilles, parfaitement immobile, les bras ouverts comme les épouvantails touareg. Les abeilles bourdonnaient sur son corps et cela ne paraissait pas gêner Ali, ni le chatouiller. Elles étaient si nombreuses qu'elles formaient comme une fourrure bruyante que le vent faisait à peine bouger. Ali la fixait de ses yeux parfaitement immobiles. On aurait dit ceux d'un animal disparaissant sous des animaux plus petits. Il avait un regard halluciné et incroyablement triste. Ou peut-être était-il seulement très concentré. Angelina ouvrit une main. *Y en a combien ?* Ali ne pouvait pas parler, il ne pouvait pas rire. Sa bouche ressemblait à une blessure aux lèvres collées. Elle, elle continuait à déplier et replier ses doigts. *Et maintenant, combien ?* Elle supportait mal qu'il lui soit supérieur dans tous les domaines, qu'il fasse preuve d'un courage aussi obstiné. Ali répondit, il dit qu'il y avait six doigts et il répondit juste. Peut-être la peur rendit-elle ses yeux plus perçants. Mais une abeille entra dans sa bouche et le piqua à la gorge. Angelina vit ses yeux noirs et tristes rougir et gonfler, prendre une expression désespérée. Il semblait lui demander de l'aide de tout son être. Il ne fallait pas qu'il tousse, il ne fallait pas qu'il bouge. Mais sa gorge enflait. Il se mit à suffoquer, à faire entendre d'étranges râles. Il semblait proche de la syncope. Les abeilles commencèrent à devenir nerveuses, à faire de plus en plus de bruit. Même si une moitié seulement de la colonie avaient décidé de le piquer, Ali serait mort sur le coup. Angelina vit ses jambes fléchir. Elle fit un pas en arrière, terrorisée.

Ce fut son père qui le sauva, il s'empara d'un tuyau d'arrosage et projeta sur son fils une cataracte d'eau. Les abeilles tombèrent, comme autant de poils coupés net, elles formèrent sur le sable une masse mouillée, vrombissante. On emmena Ali dans la maison, on le plongea dans un bain d'herbes du Yémen et de poudre d'ammonium.

Il avait beaucoup de fièvre, il délirait.

Il revint à lui au bout d'une semaine.

Il fréquentait la médersa, il écrivait sur des cahiers mais aussi sur des tables. Angelina alla l'attendre à la sortie de ses cours, mais Ali ne daigna pas lui jeter un regard.

Angelina était triste, elle avait repensé des milliers de fois à ce qui s'était passé. C'était elle qui avait provoqué Ali, qui lui avait fait des grimaces. Elle était jalouse de son courage, de cette immobilité de marabout. Elle, elle n'aurait même pas tenu une seconde. La nuit, elle sentait un picotement dans sa gorge. Elle était prise d'une toux nerveuse qui lui écorchait les amygdales quand elle repensait au danger qu'ils avaient couru. Dans ses rêves elle voyait Ali tomber à la renverse et mourir sur le sable, dévoré par les abeilles. Elle voyait ce corps maigre gonflé de venin saignant de mille piqûres.

Puis Ali était revenu du côté de chez elle. Un après-midi du début de l'été, il était allé chez le marchand de glaces italien Pôle Nord. Il léchait son cornet, les yeux, derrière les lunettes, fixés sur un livre.

— Qu'est-ce que tu lis ?

C'étaient des poésies d'Ibn Hazm. Il lui en lut une.

Je voudrais que mon cœur fût fendu avec un couteau, que l'on t'y insérât et qu'ensuite il fût refermé dans ma poitrine...

Il tâta sous l'étoffe de son pantalon le couteau à huîtres qu'il avait toujours sur lui. Maintenant Ali avait presque treize ans, un léger duvet là où perle la sueur, au-dessus de la lèvre. Angelina le regarda, elle avait rougi. Ali avait changé, il n'avait jamais été timide mais à présent on aurait dit qu'il l'était, on aurait dit qu'il tremblait à l'image de l'asphodèle en fleur juste derrière eux. Et, autour d'eux, tout vibrait d'une lueur orangée, diffuse, pleine de sa propre souffrance. Comme si un monde se retirait derrière eux, se repliait vers quelque autre lieu.

C'était l'enfance qui se retirait. Une nouvelle étape d'intimité et de pudeur. À cette époque Angelina n'en savait pas assez pour interpréter ce sentiment d'égarement, de tragédie. Il se mit à pleuvoir, ils rentrèrent en courant chacun chez soi. Angelina s'arrêta pour respirer sous l'hévéa.

Elle aimait bien la pluie de Tripoli, elle était violente, imprévisible comme ses sentiments à elle. Angelina se laissa tremper. Elle portait des sandales blanches, ses jambes étaient nues, ses cheveux frisés s'éclaircissaient aux pointes. Elle sentait que quelque chose entrait en elle, la main d'Ali qui l'arrachait à elle-même pour l'insérer dans son cœur arabe, comme dans la poésie.

Le jour du départ, Ali courut jusqu'à l'arche blanche, devant la maison d'Angelina. Il resta là longtemps, à l'attendre sous le soleil. Angelina portait un imperméable, ses cheveux étaient attachés, tirés en arrière comme jamais il ne les avait vus. Le père et la mère d'Angelina eux aussi étaient engoncés dans leurs habits. Ils en avaient superposé le plus possible. Une façon d'être prévoyants. Le temps s'était arrêté et les saisons qui viendraient se confondaient, aussi peu distinctes que les strates de vêtements. Ali pensa qu'ils allaient transpirer durant le voyage.

Plus jamais il ne porterait les blocs de cire brute à l'atelier des Italiens, plus jamais son père ne s'arrêterait pour boire un jus d'oranges siciliennes pressées avec Antonio, pour jouer aux dominos sous les frondaisons des figuiers, et lui, plus jamais il n'attendrait les jambes d'Angelina, sa façon de descendre les escaliers en sautillant, son petit visage allongé, ses yeux verts et cruels. Elle émergeait de la pénombre, de l'odeur de cardamome et de cire. Elle faisait balancer sa jambe dans l'entrebâillement de la porte. Elle le regardait comme un cafard que l'on ne se décide pas à écraser, par simple paresse. Ali n'entrait pas dans la cirerie, il restait appuyé contre la carrosserie poussiéreuse de la Ford, il faisait semblant de lire.

Aucun d'eux ne voulait céder.

Quand ils commencèrent à jouer ensemble, il était déjà tard, il était déjà l'heure de partir. Ils avaient été bêtes. Ils en gardaient une irrépressible nostalgie, un cri d'injustice. Tous les deux, ils jouaient comme ils ne jouaient avec personne. Comme si leurs deux bouches ne faisaient qu'une lorsqu'ils chantaient, leurs deux jambes une seule lorsqu'ils sautaient. En synchronie totale, tels des oiseaux sur une même trajectoire. Les mêmes pensées, les mêmes mouvements.

Le jour où Angelina était partie, Ali était entré dans la cirerie. La porte était entrouverte, tout était à l'abandon. Le laboratoire ressemblait à une église profanée, un arrière-goût de relents de vase refroidis. La cire durcie répandue sur la table, les boîtes de cèdre jetées pêle-mêle. Les bandes de cire pendues au fil, en lambeaux comme les drapeaux d'un royaume disparu. Comme ceux du roi Idris. Un chat était assis sur les fourneaux éteints, il léchait les poils de son ventre, pattes écartées, queue en l'air. Un autre buvait dans l'évier de pierre.

Toute la famille était sortie par l'immeuble à côté, résignée, silencieuse.

Santa et Antonio avaient dit au revoir au fils de l'apiculteur, ils l'avaient embrassé.

Derrière eux, la porte verte de la cirerie battait, sans plus personne pour s'en préoccuper. On aurait dit qu'ils n'étaient plus les mêmes. Trois masques pâles, sans plus aucune des expressions qu'on leur connaissait, et qui appartenaient à cette vie qu'Ali les avait vus mener jusqu'à ce jour. On aurait pu croire que quelqu'un les avait tués pendant la nuit, puis les avait remplacés par des personnages de cire. Coulés dans le moule d'eux-mêmes. Ils avaient un air de famille mais ce n'étaient pas eux. Jusqu'à leurs yeux immobiles au regard mort d'oiseau empaillé.

Ils ne semblaient pas éprouver les mêmes sentiments qu'avant.

Angelina paraissait plus âgée. Elle était plus grande, avec des formes plus généreuses sous ce manteau de laine sombre, fermé jusqu'au cou. Elle avançait, raide comme un automate, semblant obéir à des directives précises.

Elle avait exactement le comportement d'une déportée. Condamnée à mort pour un crime impossible à confesser.

Comme si elle était coupable. Ses parents aussi.

Ali avait envie de fondre en larmes, en se serrant contre elle. Il tremblait fébrilement, il n'avait pas dormi, il l'avait attendue sous le soleil, sous l'hévéa qu'ils avaient gravé tant de fois ensemble.

Angelina était restée immobile, bien droite. Elle lui avait tendu une main ferme, adulte.

— Salut, Ali, bonne chance.

C'était sa mère qui les avait poussés à se faire la bise. Autant embrasser un caillou.

Ali avait pris sur lui, et il lui avait fourré son cadeau dans les mains.

C'était un coussin, usagé mais plutôt élégant, de satin rouge foncé, décoré et bordé de cordonnets dorés. Il avait posé dessus quelques merguez, quelques-unes de ces petites saucisses noires qu'elle aimait tant.

C'était bizarre, ces saucisses sur un coussin de satin. Ce devait être une déclaration d'amour, ou quelque chose de ce style.

Comme il ne pouvait pas arracher son cœur de sa poitrine pour le lui donner, il s'était replié sur les saucisses. Angelina les avait regardées, elle était restée de marbre.

Ali la guettait sous ses lunettes, et son visage un peu stupide voulait lui dire tous les projets qu'il avait. Dans quelques années, il serait majeur. Il allait venir en Italie, il pourrait y poursuivre ses études, comme avait fait son cousin Mohamed ; ils se marieraient. Parce que c'était le coussin de son père et de sa mère, le coussin des mariés.

— Il est très précieux.

Il n'avait pas l'air si précieux. Le satin était vieux, usé, le passepoil terni.

Angelina lui donna une photographie, la plus belle qu'elle avait. Prise par le photographe de l'école. Elle était de profil, elle regardait à travers la vitre d'une grande fenêtre, auréolée d'une lumière pâle qui créait un certain effet. Ali regarda longuement cette photographie, un sourire indolent aux lèvres. Que veux-tu que cela représente, quelques années, pour un garçon capable de résister à l'assaut de centaines d'abeilles ?

Angelina glissa les saucisses dans sa poche et le coussin sous son manteau.

On aurait dit une gamine enceinte, d'un coussin arabe.

Il lui tint compagnie tout le temps qu'elle attendit de passer les contrôles. Un jeune garçon handicapé avait été obligé de descendre de son fauteuil roulant, il avait dû ramper sur ses moignons comme ces gros lézards du désert que les Touareg faisaient rôtir.

Angelina s'était mise à sucer le cordonnet du coussin d'Ali, à le serrer entre ses dents qui claquaient. Les militaires lui avaient hurlé d'ouvrir son manteau. Ils lui avaient arraché le coussin, ils l'avaient éventré à coups de baïonnette. Qui sait ce qu'ils pensaient pouvoir trouver dans ce coussin graisseux, imbibé de salive, que suçait une petite fille apeurée. Des billets, des bijoux, des sachets de drogue, peut-être.

La mer s'était couverte de petites plumes grises. Elles avaient volé jusqu'à la terrasse du Château qu'elle gagnait à la nage avec Ali. Il y avait un mérou blanc caché quelque part là-dessous, sur ce fond de sable et d'algues aussi transparentes que des voilages. Angelina lui avait dit au revoir depuis le bateau, ainsi qu'aux minarets, aux grands palmiers du cours de Sicile, au Château rouge.

Angelina sait ce que recommencer veut dire.

Se retourner et ne plus rien voir, rien que la mer.

Tes racines englouties par la mer, sans aucune raison acceptable.

Angelina a appris à vivre avec l'irrationalité des

hommes. Rien qu'à voir l'image de ce dictateur portant turban et lunettes de soleil, elle se sentait étrangère, décalée. C'était quoi, ce visage ? Ces cheveux comme des araignées gorgées d'encre.

Pendant onze ans, Angelina a été arabe.

C'était juste avant l'adolescence. Cela n'a duré qu'un moment. Un coup de pied dans le ventre.

Il y a quelque chose qui n'appartient qu'au lieu où l'on est né. Tout le monde ne le sait pas. Il n'y a que ceux qui en sont arrachés de force qui le savent.

Un cordon enfoui dans le sable.

Une douleur qui te cloue et te fait haïr les pas que tu feras ensuite.

Tu as perdu le sens de l'orientation, cette étoile qui te suivait et que tu suivais dans l'obscurité incandescente de ces nuits qui ne sont jamais tout à fait noires.

Pendant longtemps, Angelina n'a plus su qui elle était. Quelqu'un lui avait donné ce nom-là : *Tripolina*.

Tripolini. Des générations de pauvres chiffes retournées à l'envoyeur.

Sans plus rien à eux, dispersés dans des camps de réfugiés en Campanie, dans les Pouilles, dans le Nord. Les files d'attente devant les cabinets, le papier toilette à la main. En pantoufles dans la boue. Des pâtes dans des soucoupes en plastique. Une télévision sur une chaise pliante. Un camp de faux touristes. La zone de transit où s'arrête la vie.

Pour les plus âgés, un nouveau départ avait été chose impossible à imaginer.

Angelina et les siens avaient eu de la chance. On les avait installés dans une pension de famille au bord de la mer.

Un réfectoire à demi enterré aux murs verdâtres. Les petits pains dans des emballages. Des cubes de gélatine couleur de boue qui tiennent lieu de confiture. Son père range sa serviette dans un rond en plastique. Ce sont des pensionnaires qui ne payent pas, la femme de service leur crie de se dépêcher. Elle et sa mère marchent dans la nuit vers le bloc sanitaire tels deux fantômes.

Où se trouvait cette pension ? Dans une ville balnéaire en déshérence, déserte. Des villas dont la construction s'est arrêtée en route. Un lieu d'exil pour les gens de la Camorra.

Santa fait son repassage sur le lit avec un fer pliant, de voyage.

Antonio au bord d'une rampe d'accès en ciment, un garage. Des voitures qui prennent toujours le même virage.

Les bras maigres dans la chemise à manches courtes que le fer à repasser rend encore plus pointus ressemblent à des ailes brisées.

Il y a une rangée de citrons sur le rebord de la fenêtre. Des provisions de vitamines.

Angelina repense à la zone aménagée sur l'esplanade sans arbre. La balançoire métallique qui ne s'envole pas dans les airs. La grande barre de fer qui bascule, et les deux petits sièges à chaque extrémité. Angelina plie ses jambes et puis elle les tend, on dirait une grenouille qui saute. Il aurait fallu un autre enfant, sur le siège en face.

Il aurait fallu du sable dans les yeux, dans les cheveux.

Où sont le café Gambrinus, le cinéma de plein air de Tripoli, les fêtes au cercle d'Italie ? Où sont tous leurs amis ?

Personne ne les salue, ils ne connaissent personne.

La puanteur d'un incinérateur, du caoutchouc qui brûle. Ils se couchent en respirant cette odeur, elle pénètre dans la chambre. La provision de bougies parfumées est finie. Ils vont au supermarché. Ils achètent des bougies industrielles à la citronnelle. Santa dit *ce n'est pas de la vraie cire, c'est une saloperie.*

Le père répond *c'est provisoire.*

Quelque temps après, l'État leur avait assigné un logement ; au final, en Sicile. Voilà qu'allait commencer une nouvelle vie.

Une boîte noire. Des fenêtres donnant sur un mur. Une zone portuaire, à la périphérie.

Sa famille ne s'était jamais adaptée. Ils mangeaient des sardines en conserve devant la télé. Ils ne reconnaissaient rien et personne ne les reconnaissait.

Muets comme des statues de sable. Son père sort pour aller chercher du travail. Angelina se souvient du geste de sa mère, elle est derrière son père, de la main elle brosse sa veste. Antonio se retourne : *Qu'est-ce qu'il y a ? Je suis sale ?*

Santa l'accompagne jusqu'à la porte. Elle reste sur le pas de la porte, elle regarde la cage d'escalier sombre qui monte vers les étages. Elle respire précautionneusement l'odeur des autres vies qui peuplent cet antre. Odeurs de sauce, de cave.

Elle est comme un rat, elle attend l'heure propice pour sortir.

Il n'y a aucune créature humaine dans cette nouvelle vie, rien que des formes vociférantes et sans pudeur, qui n'ont nullement besoin d'eux.

À Tripoli, il y avait beaucoup de mendiants, des vieux Berbères avec des djellabas raides de crasse, tous les boutons arrachés. Beaucoup de Noirs, aussi, estropiés, mutilés, réchappés de quelque massacre. Santa ne les faisait pas entrer dans la cirerie, mais elle leur donnait toujours quelque chose. Des vieux vêtements, une bougie pour la nuit.

Maintenant les pauvres, ce sont eux. Des pauvres Blancs, qu'on évacue. Eux aussi, ils ont ce même regard mortifié de ceux qui se sont perdus.

Ils lèvent les yeux seulement pour chercher confirmation dc leur existence dans les autres corps humains qui passent devant eux.

On était dans les années 1970, ils se trouvèrent face à un monde peu attentif. Leur diaspora n'intéressait personne. Ils étaient le triste épilogue d'une histoire coloniale que personne ne voulait ramener à la surface.

Le véritable exil, ce fut celui de la solitude morale.

Antonio emmène toujours son porte-documents en plastique noir, débordant de papiers officiels abîmés par les files d'attente, par ses mains qui deviennent moites tandis qu'il parle. Il montre la feuille qui certifie son statut de rapatrié.

Les visages, derrière les guichets, le regardent de travers, hébétés.

Qu'est-ce que vous êtes revenus faire ? Prendre le travail des autres Italiens, des vrais Italiens, ceux qui sont nés, qui ont grandi ici ? Chercher à grimper plus vite dans la grille d'indemnisation du chômage ?

Après tout, ils s'étaient mis tout seuls dans cette situation ; et peu importait qu'ils soient des fils de paysans italiens déportés en Libye par la propagande, poussés par la faim.

Kadhafi avait repris ce qui lui appartenait. Tout était la faute de l'Italie. Et eux, ils étaient le résidu de cette faute. Un petit groupe de traîne-misère sans grande importance.

Au début ils avaient formé un comité, ils avaient des échanges avec les autres Italiens expulsés. Mais au bout d'un moment, ils ne cherchèrent plus à garder contact avec personne. Tout cela avait fini par s'effilocher.

Ils restèrent seuls comme des singes échaudés par de l'huile bouillante. Entourant leur souffrance de silence, de soupirs.

Santa renonça au combat. Quelque part, elle commença à se sentir coupable. À sembler coupable. Elle n'arrivait pas à se défaire de cette sensation d'être perdue dans un autre monde, d'appartenir à une minorité. Les gens que l'on prive d'eux-mêmes perdent tous leurs repères ; face au peloton, ils peuvent avouer un meurtre qu'ils n'ont pas commis. Bien sûr que ce n'étaient pas eux qui avaient tué les Bédouins enfermés dans des camps de concentration ; eux, ils n'avaient fait que travailler, embellir la Libye, creuser des puits et des réseaux d'égouts. Eux, ils avaient coulé et raffiné des kilomètres de cire bénie par les évêques et les imams.

Antonio avait toujours été rachitique, ses vêtements flottaient sur son corps comme sur ceux d'un pantin de bois. Pourtant Santa semblait maintenant plus fragile que lui. Elle ressassait ses obsessions en silence. Elle pensait à son bébé mort, resté tout seul dans le cimetière chrétien de Tripoli. Ils n'avaient pas eu le temps d'aller le chercher, ils n'avaient pas l'argent nécessaire pour corrompre quelqu'un. Elle hochait la tête à la manière d'un oiseau qui picore des baies sur une branche trop éloignée. Elle avait perdu vingt kilos.

Angelina revoit la poitrine de sa mère, tandis qu'elle se lave les aisselles au-dessus du petit lavabo à côté de la machine à laver. Ces seins autrefois imposants semblables désormais à deux sacs vides pourvus de deux tétons violacés.

Ils attendaient. L'indemnisation aux rapatriés.

On ne parlait que de cela, de cet argent qui allait les réhabiliter.

Et puis ces questions qui revenaient sans cesse : pourquoi Moro n'avait-il pas accepté l'invitation de

Kadhafi ? Pourquoi l'Italie n'avait-elle pas pris la mesure de ce problème ? Il y avait une crise gouvernementale, d'accord. Mais on ne pensait pas à eux, aux Italiens de Libye ? Ils avaient un nom, un prénom, ils avaient des visages et des morts dans des cimetières. Comme tous ces enfants tués par l'épidémie de gastroentérite.

C'était donc ainsi qu'on récompensait le sacrifice de toutes ces mères ?

Il ne s'agissait pas seulement d'argent. Ils voulaient aussi qu'on leur restitue un nom, un lieu. Ils voulaient être remboursés de leur dignité. Du sel qu'ils avaient craché, du sang qu'on leur avait enlevé.

Relever la tête et dire nous avons été indemnisés par notre pays. Nous sommes des victimes de l'histoire.

Les années passèrent dans cette lutte vaine. Parce que les paroles deviennent inutiles quand on les répète trop souvent. Les pensées sont un gaz nocif.

C'était l'époque du terrorisme, des attentats sanglants, des services secrets.

Le récit de leur exode partait en lambeaux comme un cerf-volant laminé par un vent qui claque trop fort.

Ils n'étaient déjà plus qu'une photographie, un petit groupe, une manifestation inutile. Ils n'étaient déjà plus qu'une grande salle de banquet où des rapatriés nostalgiques mangent du couscous, en Brianza, en Vénétie.

Santa avait du mal à remuer l'un de ses bras. Une douleur fichée dans les os.

Elle allait chez le psychiatre de l'unité sanitaire locale afin qu'il lui donne quelque chose pour ne pas s'étouffer la nuit quand elle s'allongeait. On aurait dit qu'une main appuyait de toutes ses forces sur son sternum. Du plomb sur la poitrine. Les cercueils que les avions de chasse italiens avaient ramenés. Et son tout petit laissé là-bas, dans ce cimetière saccagé.

Elle n'arrivait pas à faire le deuil de ces restes d'elle-même, de ses entrailles, abandonnés dans ce cimetière où l'on profanait ces tombes pour porter atteinte à une religion, pour voler une chaînette ornée de coraux.

Elle voyait en rêve des bouts d'alvéoles flottant dans la cire.

Les yeux d'Antonio semblaient comme recouverts de pommade.

Il trouva du travail dans le service d'expéditions d'une entreprise de meubles de bureau. Puis il passa dans l'administration. Il était d'une honnêteté scrupuleuse, il vérifiait les comptes jusqu'à une heure avancée de la nuit, jusqu'à ce que les calculs tombent juste. C'était une obsession.

Face à une injustice, soit on devient fou, soit on se met à l'abri.

Angelina se souvient des vêtements de la paroisse, des bonnes œuvres. Qui avaient l'odeur d'autres petites filles, d'autres armoires. Au début, elle aimait bien ces paquets que sa mère rapportait à la maison, des jupes, des manteaux feutrés par d'autres gamines.

Elle reniflait la laine, le parfum d'autres vies minuscules que la sienne.

Odeur de renfermé, de naphtaline, de vieilleries.

Mais bientôt elle en ressentirait du dégoût. Comme les marées de cette mer noire, déposant les rejets industriels devant les immeubles. Elle aimait encore mieux les fripes du marché, pourvu qu'elles aient une odeur de plastique, de neuf.

Elle avait été habituée à la liberté, à la chaleur perpétuelle, au parc avec ses palmiers séculaires, ses grands bassins de pierre, aux effluves denses et enivrantes du souk, des noisettes grillées, des beignets, à la gamme infinie des arômes de café.

Elle sautait partout, comme une rebelle ou une éclopée. Sa mère essayait de la faire ressembler aux autres, aux petites filles italiennes nées au pays. Angelina regardait autour d'elle. Elle aussi, elle aurait bien aimé ressembler à quelque chose, à quelqu'un.

Elle cherchait un repère fixe dans le ciel. Une étoile arabe qui aurait pu la suivre.

Au-delà de la fenêtre de la classe, il n'y avait plus ni palmiers ni oiseaux colorés. Rien que les crépis gris plomb, les grues des logements sociaux.

À l'école personne ne l'approchait. Ils se connaissaient déjà tous. Ils lorgnaient ses jambes sans socquettes. Angelina portait des sandales jusqu'à Noël, elle n'avait jamais froid aux pieds.

Personne ne savait rien de Tripoli. Même les professeurs la regardaient comme une étrangère, de loin.

Ses camarades l'appelaient l'Africaine. *Tu pues le chameau*, lui disaient-ils. C'était une école de banlieue, de gens déclassés qui ne savaient pas aborder leur prochain autrement qu'en l'agressant. À l'image des espèces différentes au cœur de la savane. Des déplacements en cercles concentriques, telles les hyènes quand elles rampent vers leur proie figée par la peur. Angelina essaya de s'adapter. Elle fut exclue le plus naturellement qui soit, sans véritable méchanceté.

Elle transforma cette mise à l'écart en aventure.

Elle inventait, elle racontait des histoires de lions, d'enfants déchiquetés, de malédictions touareg. Tripoli était un endroit effroyable ; elle avait réussi à y survivre grâce à une multitude d'astuces. On lui témoigna un certain respect.

C'était la langue qui les divisait. Elle ne connaissait pas le dialecte sicilien, seulement l'italien plein de fioritures de l'école italienne de Tripoli.

Elle rentrait toute seule à la maison. Et le chemin à faire était vraiment long entre ciment et puanteur de mer en déliquescence, sans le moindre parfum d'asphodèle ou de caroube, sans la moindre présence amicale.

Elle pensait à Ali. À son cœur, au couteau à huîtres qu'il avait dans la poche. Un jour, il viendrait la retrouver, il l'épouserait. Ils repartiraient à Tripoli. En épousant un Arabe, elle pourrait rentrer.

Ali deviendrait riche, il était intelligent et courageux. Il n'avait que treize ans et déjà un beau petit pactole de côté. Ils rachèteraient la cirerie. Sa mère se remettrait à chanter devant cette pâte couleur silence, son père à confectionner des bougies pour le Ramadan et pour Noël.

Elle ne pensait qu'à ça. Ramener sa vie à ce point précis.

Le point où elle s'était interrompue.

Il s'agissait de réunir deux morceaux de terre, deux morceaux de temps.

Au milieu, il y avait la mer.

Elle posait des figues ouvertes en deux sur ses yeux pour retrouver cette saveur douce et granuleuse. Elle voyait rouge à travers les fruits. Elle cherchait le cœur de ce monde qu'elle avait dû abandonner.

Chaque fois qu'elle entrait dans l'eau, elle nageait vers le large.

Elle grandissait, elle apportait des livres sur la plage noire, minière.

Elle se glissait dans la mer pendant des heures. Elle nageait jusqu'au silence, là où rien ni personne ne pouvait l'atteindre. Elle se souvenait de cette façon de nager qu'avait Ali, comme un goéland qui se noie.

Elle regardait la côte derrière elle, cette ville industrielle, sans coucher de soleil. On aurait dit une représentation de la mort, du monde après la fin du monde. Pas même l'écho d'une voix, rien que des cheminées d'usines.

Elle plongeait vers le fond, elle traversait sans crainte les bancs d'algues, aussi macabres et visqueuses que des bras ensevelis. Elle avait de longues palmes bleues avec des flammèches orange. Elle croyait pouvoir gagner Tripoli à la nage. Sortir de l'eau, mi-poisson, mi-femme, comme dans le conte de la Petite Sirène ; rester aux alentours de la ville des caroubes et de la chaux pour y chanter son chant clandestin.

Vito regarde la mer, si belle autour de l'île, aussi turquoise qu'en Afrique, la côte avec ses criques festonnées d'algues vertes, comme les accoudoirs d'un immense fauteuil de velours vert posé sur l'eau pour un géant qui scrute l'horizon et organise le monde, ses flux.

Vito y a déjà pensé, à ce géant qui régit le monde. Il s'est demandé s'il était composé de personnes, d'un nombre incalculable de personnes l'une par-dessus l'autre. Et s'il était lui-même l'une de ces personnes, minuscules mais fondamentales.

C'est ce qu'un garçon devrait espérer, participer à l'organisation du monde. Mais lui, il a toujours été un étudiant qui fuit, et pas seulement l'école. Toute forme d'apprentissage.

Il baisse la tête. Il a honte de ces soudaines ambitions. Il ne fera jamais rien de bon, de remarquable. C'est plus facile que les choses aillent comme ça, que sa vie passe inaperçue. Le soleil vacille sur l'horizon rendu marécageux par la chaleur. Vito sent le poids de son destin, au milieu de ces marais, qui chemine mollement devant lui. Il faudrait qu'il le rattrape. C'est ce qu'il devrait faire. Faire un bond. Mais comment fais-tu pour savoir quel destin t'attend ? Personne ne t'a mis la réponse dans une enveloppe.

Pourquoi ne se jette-il pas à l'eau, pour une bonne baignade ?

Cette année, l'eau ne lui plaît pas.

Sa mère lui a parlé de ces baignades interminables, quand elle était adolescente. C'était le seul lieu accueillant, le seul à avoir une odeur et un goût familiers.

Elle dit que c'est la mer qui l'a sauvée. Elle aurait pu la tuer car plus d'une fois elle a nagé jusqu'à ce que tombe la nuit, sans économiser ses forces, puis elle a regagné le rivage en nageant dans la mer noire, tout son corps secoué par l'hypothermie ; et dix couvertures ne suffisaient pas à arrêter ce tremblement.

Mais si la mer n'avait pas été là, elle n'aurait vraiment pas su où aller digérer le vide.

Vito regarde la mer.

Sa mère ne se baigne plus. Parfois, elle se laisse flotter à la surface de l'eau quelques instants puis elle sort, la serviette autour de la taille, un maillot une pièce.

Ce sont ses seules baignades, celles d'une morte qui regarde le ciel. Elle dit qu'elle pense, qu'elle sent la surface de l'eau s'étendre sous elle. Elle dit que c'est une belle sensation.

Puis elle s'adapta à ce nouvel univers. Elle alla au lycée, elle fit l'amour pour la première fois. Elle se fit poser un stérilet, elle oublia Ali et l'enfance arabe. On était à la fin des années 1970. Elle revêtit l'uniforme débraillé de cette révolution, pull-overs larges, sabots noirs. Le sac en macramé lourd de livres, le symbole de la femme dessiné sur le front. Pendant les manifestations estudiantines elle hurlait comme une forcenée. Le visage d'un singe qu'on a chassé, les poings serrés. Sa rage pouvait enfin s'exprimer sur la scène de toute une génération de jeunes.

Elle ne put supporter plus longtemps l'exil de ses parents, ce débordement de leurs souvenirs de *Tripolini*. Le monde allait de l'avant, et elle le rejoindrait pour essayer de le rendre meilleur. Il y avait des injustices sociales, des gens qui mouraient au travail, des massacres d'innocents partout dans le monde. Il existait d'autres blessures que la leur.

Un mur les sépara.

Elle ne supportait plus l'odeur de cette maison ruisselante de nostalgie. Ces perdants qui ne cessaient de réclamer ce qu'on leur avait injustement pris. Son père qui découpait dans les journaux tous les articles qui parlaient de la Libye, de leur aventure devenue défaite.

Ils avaient des parents à Catane, ils allaient les voir deux ou trois fois par an. Angelina s'était liée d'amitié avec ses cousins. Santa et Antonio souriaient, ils mangeaient leurs *cassatine*[1] au citron, pourtant on aurait dit deux déportés. Ils se forçaient à parler d'autre chose. Mais cela ne les intéressait pas. Ils s'asseyaient l'un à côté de l'autre, en silence ; elle, son sac sur les genoux, lui, les mains dans les poches, faisant tinter quelques pièces de dix lires. Ils n'avaient qu'une envie : s'en aller.

Ils voulaient retrouver le lieu de leur exil. Celui où ils pouvaient se plaindre en toute liberté, exprimer leurs regrets éternels.

Angelina commença à s'échapper, à claquer la porte.

En même temps, elle poursuivait ses études. Maintenant elle connaissait la véritable histoire du colonialisme italien. Ils avaient été déportés, exportés en même temps que les colonnes romaines, les aigles et les flammes de cet empire à l'agonie.

Antonio était un modéré, il votait pour le parti républicain de La Malfa.

Mais il y avait eu un péché originel. Ils n'avaient pas laissé derrière eux que le sable incroyablement fin, ces paysages infiniment purs de dunes et d'oasis.

Il y avait eu aussi les tribunaux volants, aériens, qui atterrissaient dans le désert et, au terme de procès sommaires, procédaient à des exécutions massives. Il y avait eu ce dessin d'un arbre de Noël,

1. La *cassatina* est un gâteau typique de la Sicile, farci de ricotta.

dans les pages d'*Avanti !* : en guise de boules et de guirlandes, des Bédouins pendus.

Vito regarde la mer.

Un jour sa mère le lui a dit. Sous les fondations de toutes les civilisations occidentales, il y a une blessure, une faute collective.

Sa mère n'aime pas ceux qui revendiquent leur innocence.

Elle fait partie de ces gens qui veulent assumer les actes commis. Vito pense que c'est une forme d'orgueil.

Angelina dit qu'elle n'est pas innocente. Elle dit qu'aucun peuple qui en a colonisé un autre n'est innocent.

Elle dit qu'elle ne veut plus nager dans cette mer où des bateaux coulent.

Il n'y a rien de pire qu'une ancienne poseuse d'explosifs. Elle continue à placer des bombes dans tes pensées.

Il n'y a rien de pire qu'une mère atypique. Une mère qui ne ressemble à aucune autre mère, une mère qui ne porte jamais de chaussures fermées, dont le sac ne contient pratiquement rien, des cigarettes, les clefs de la maison, dix euros. Un téléphone portable dont elle ne se sert pas. Un sac sans rien d'extraordinaire, comme sa vie.

Un jour, Vito partira. Ils ont vécu tous les deux tout seuls. La lampe qui brûlait derrière les fenêtres était la sienne, forcément. Les livres ouverts sur le canapé. Une éternelle étudiante. Depuis qu'elle a fêté ses cinquante ans, elle a rapetissé. C'est lui qui lui dit, tiens-toi droite, tu vas devenir bossue. C'est lui qui lui dit de ne pas fumer.

En réponse, elle hausse les épaules, elle dit que Falcone et Borsellino fumaient et qu'ils ne sont pas morts de cela.

Elle dit souvent des choses comme ça, absurdes, dont l'écho se prolonge dans le silence.

Des choses qui traduisent sa vision du monde, amère et pourtant vivante.

Un jour, il partira. Elle ne semble pas appréhender ce jour-là. Au contraire, elle aimerait bien qu'il parte faire ses études à l'étranger.

Elle n'aime plus l'Italie. Pourtant elle continue à enseigner l'italien aux enfants du primaire, sans manquer ne serait-ce qu'un jour.

Ses anciens élèves viennent la voir, ils la serrent dans leurs bras, ils sont comme des noyés qui s'accrochent à une bouée. Elle leur prépare un café, elle constate combien ils ont grandi.

Quand il était petit, à chaque fois qu'ils faisaient la traversée vers l'île, Vito avait le mal de mer. Il devenait verdâtre. Angelina soutenait son front d'une main, une de ses mains toujours fraîches. Elle lui disait de trouver un repère fixe et de ne jamais le lâcher des yeux.

Quand il y repense, Vito ressent à nouveau ce malaise, l'estomac qui remonte, se retourne, comme un sac de nylon malmené par le ressac. Il peut encore sentir sur son front cette main fraîche qui le soutenait et lui indiquait le repère fixe qu'il fallait regarder.

Il cherche un repère fixe à l'horizon.

Quelque chose qui l'aidera à surmonter cette angoisse, venue de nulle part, qui monte en lui tous les matins dès qu'il ouvre les yeux et que sa première pensée est : pour quoi est-ce que je vais me lever ?

Vito regarde la mer. Comme un filet qu'on jette et qui ramène quelque chose dans ses mailles. Il pense à sa mère. Elle a eu un cancer du sein. Elle s'est fait opérer et elle est revenue à la maison, sans que rien n'ait changé. Elle avait toujours le même visage. Vito n'a pas été gentil avec elle, il s'est montré plutôt grossier. Il lui a confisqué son paquet de cigarettes, il les a réduites en miettes. Angelina lui a mordu la main.

Mais pour qui se prend-elle ?

Et puis la mer d'Angelina s'était refermée.

Elle s'était mariée, avec un Sicilien normand, blond avec des taches de rousseur. Un expert en droit civil qui défendait les putains et les mineurs des zones abandonnées de San Berillo. Angelina avait commencé à faire des remplacements. Puis Vito était né. Elle s'était séparée. Son ex-mari aidait maintenant les riches Catanais à divorcer dans de bonnes conditions.

Et un jour, sans qu'on s'y attende, la décision était tombée. S'ils le voulaient, ils pouvaient revenir à Tripoli avec un simple visa comme n'importe quel touriste.

Le 7 octobre, jour de la Vengeance car on y commémorait l'expulsion des assassins italiens chassés de la Jamahiriya du Raïs, avait été rebaptisé jour de l'Amitié pendant la nuit. Désormais Kadhafi était un ami de Berlusconi et de l'Italie. Il venait en visite toujours accompagné de ses amazones et de ses babouches de satin. Champagne sous la tente de Bédouin. Du terrorisme, des avions abattus, plus un mot. Kadhafi avait été le premier chef d'État arabe à condamner l'attaque des Tours jumelles. L'acteur aux mille visages était à la recherche d'un nouveau rôle de médiateur dans le bassin méditerranéen. Angelina avait ri : *il espère le Nobel de la paix.*

Tout en nettoyant les brocolis, grand-mère Santa murmure *l'histoire est un mille-pattes et chaque patte veut prendre une direction différente, et au milieu, le corps, c'est nous.*

Grand-père Antonio était mort sans avoir revu Tripoli, mais en la rêvant. Il rêvait d'un mur blanc, du café du cours de Sicile où ils se retrouvaient pour jouer au billard. Il s'était fait apporter du thé à la menthe, le faux thé du supermarché.

— Mais moi, maman, je veux y aller.

C'est Vito qui l'avait forcée à revenir.

Il en avait assez de cette histoire interrompue.

Et ils étaient partis tous les trois : Angelina, sa mère et Vito qui n'avait jamais mis les pieds là-bas.

Il avait fait un tour sur Google Earth. Il avait vu Tripoli grâce à sa souris.

Angelina ne s'était pas approchée de l'ordinateur.

Pendant des jours elle avait eu l'air bizarre, la tête enfoncée dans les épaules, le regard absent, absorbé dans ses pensées.

Elle était nerveuse, un lion en cage. Elle mettait des affaires dans son sac puis elle les ressortait. Elle parlait seulement du climat qu'ils trouveraient là-bas, de l'antiseptique intestinal qu'il valait mieux emporter en cas de repas trop épicé.

Dieu sait combien elle avait attendu ce moment, et maintenant qu'il était venu elle semblait s'en désintéresser, vouloir expédier l'affaire, comme quelqu'un qui doit subir une petite intervention chirurgicale qu'il a maintes fois repoussée mais qu'il faut bien faire un jour. Oui, c'était le même calme agité que ce matin où elle était partie pour un séjour à l'hôpital afin de se faire enlever un nodule dans le sein ; elle était restée habillée sur le chariot jusqu'au dernier moment, incapable de se décider à se changer, à enfiler la chemise de nuit de malade.

La grimace d'autiste de celle qui combat toute seule contre elle-même et ne veut pas changer de cap.

Au final, elle était partie en sandales comme quelqu'un qui va passer la journée au bord de la mer.

Grand-mère Santa ressemblait à une gamine le

jour des *cannalore*[1] de Sainte-Agathe : robe blanche, chaussures de pharmacie neuves.

Ils avaient pris un vol sur Libyan Airlines.

Sa grand-mère scrutait à travers le hublot sale ce qu'il y avait sous l'avion.

C'était la première fois qu'ils la voyaient depuis le ciel, *cette* mer. Sans en percevoir le goût, les embruns, l'angoisse. Sans avoir peur de couler.

C'était bizarre, ce siège, cette cabine pressurisée qui traversait sans bouger la mer de leur vie.

La première chose qu'ils virent d'en haut, ce furent les champs cultivés par les Italiens dans le désert, tout autour de Tripoli, de petits lopins de terrains disposés géométriquement. Un dessin docile. Voilà ce qu'ils avaient laissé de mieux. Le travail de milliers de bras. Les champs d'agrumes, d'oliviers, les murs d'agaves pour se protéger de l'horizon mobile des dunes.

Ils n'avaient pas de bagage, et pourtant ils n'avaient pas l'air de vouloir sortir de l'aéroport. Ils s'enfermèrent dans les toilettes. Santa avait la vessie pleine, Angelina se passa de l'eau sur le visage, elle ressortit, le tee-shirt mouillé, les cheveux collés sur les tempes.

Vito réalisa qu'elle avait vieilli. Cette pensée lui

1. Il s'agit de grandes constructions de bois, richement sculptées et dorées dans un style baroque, au centre desquelles se trouve un énorme cierge. Elles sont au nombre de onze et représentent les différentes corporations des arts et métiers de la ville. On les porte en procession à travers Catane au moment des fêtes en l'honneur de sainte Agathe (patronne de la ville).

fit mal. Peu après, elle allait redevenir jeune, mais sur le moment il la vit telle qu'elle serait plus tard.

On respirait l'air de la mer, de ces villes qui s'étendent le long de la côte arabe, plates, polies par le vent qui passe et repasse. Les constructions filiformes des minarets, les bâtiments entre les palmiers séculaires. Vito était content de ces vacances. Ils prirent un taxi. On sentait la richesse du pétrole. Des routes asphaltées, à plusieurs voies, fendaient le désert, des Toyota brillantes y circulaient avec arrogance, faisaient de brusques demi-tours, prenaient les ronds-points à contresens, comme si de rien n'était.

Le taxi s'arrêta sur la promenade des Bastions.

Grand-mère Santa allongea le cou, l'air un peu hagard, s'étira tel un oiseau gris. Sa fille l'aida à descendre des sièges poisseux de sueur.

On les aurait dit toutes deux débarquées d'un vaisseau spatial. Les premiers pas en apesanteur. Comme si elles n'arrivaient même pas à poser pied à terre.

Angelina alluma une cigarette, elle mit ses lunettes noires. Un coup d'œil sur le côté, aussi furtif qu'un vol à la tire. Puis elle se mit à avancer. À la façon d'un démineur arpentant le désert.

Ses yeux immobiles s'efforçaient de saisir tout ce qu'ils pouvaient dans leur champ de vision. Ils enregistraient sans pitié tout ce qui avait changé pour ne pas en être trop blessés.

L'ancienne médina encerclée d'immeubles récents. Les routes de terre battue recouvertes. Le bâtiment de la foire internationale resté intact. Les narines dilatées, elle inspirait. L'odeur de Tripoli. Elle suivait le temps disparu comme on flaire une fuite de gaz. On aurait vraiment dit que quelque chose allait exploser. Elle s'était tournée vers la mer.

Le sable... Où est le sable ?

Leur plage à côté du Château n'existait plus. Le bord de mer était devenu un immense parking.

Tout à coup elle avait éclaté de rire, telle une folle.

Un chat était passé près d'elle. Une créature aussi prudente et concentrée qu'elle ; il lui avait chatouillé la jambe. Un de ces chats mous, peut-être en pleine saison des amours, qui se roulent par terre dès qu'on les touche. Les oreilles effrangées, la fourrure mitée. Il commença à se tortiller sur le bitume, les quatre pattes en l'air. Angelina se pencha pour caresser son ventre clair. Le chat enclencha son moteur à ronronner. Elle le prit dans ses bras. Elle lui fit une bise sur le museau, comme à un nouveau-né qui sent bon. On aurait dit qu'elle ne voulait plus le laisser partir. Vito sourit, lui aussi il aimait bien les animaux. Mais il y avait quelque chose d'étrange dans l'accès de tendresse soudain que sa mère témoignait à ce chat des rues. On aurait dit qu'elle était revenue à Tripoli rien que pour retrouver ce chat malade, estropié. Quand elle se redressa, elle semblait pourtant guérie, elle remonta ses lunettes de soleil sur ses cheveux, elle regarda la ville à l'œil nu. Elle regarda Santa.

Tu te souviens, maman, tous ces chats, quand nous sommes partis...

Santa avait parcouru tout le cours de Sicile sans piper mot, d'une démarche hésitante. Elle s'était assise sur le trottoir, sous un palmier, et Vito avait pensé : *voilà, elle s'est assise au fond de sa vie.* Il avait expiré profondément, et le vent s'était emparé de ce souffle. Une expiration ferme, assurée, comme une lame qui pénètre un corps et atteint un organe vital.

De nombreux édifices du centre historique étaient demeurés intacts. Peut-être seulement plus petits et plus sales que dans leur souvenir. D'autres complètement effacés, recouverts par les différentes strates des constructions, des vies. Le vieux cimetière juif avait disparu, enterré sous de fantasques gratte-ciel en forme d'harmonicas dressés sur des pilotis de ciment.

Allons prendre une glace, une citronnade.

Sa mère avait pris par la main sa grand-mère, courbée par l'âge. Et ce devait être la même scène qu'il y a quarante ans, quand c'était Santa qui entraînait la petite Angelina vers la cathédrale, vers le glacier Pôle Nord.

C'était le bazar dans les rues, des voitures, des bicyclettes, des marchands ambulants. Et pourtant elles traçaient leur chemin avec une précision géométrique. Elles étaient plus gaies, à présent. Deux chiens dressés à la plume qui cherchent l'odeur, la trace qui conduira au sang. En alerte, elles éliminaient les bruits de la ville, les nouveaux bâtiments des banques et des hôtels pour séminaires d'entreprise. Elles cherchaient leur ville, enfermée depuis trop longtemps. Elles enjambaient les *sciare* et les *zanghette*, rues et ruelles d'une topographie intérieure. Les boutiques étaient restées plutôt miteuses, des mannequins en vitrine aussi vieux que leurs habits démodés. Sur le marché, à côté des sacs en peau de chameau, des montagnes de faux Vuitton. Des portraits du Raïs à tous les coins de rue.

Vito était allé à New York avec son père, l'année précédente. Un voyage entre hommes, eux deux et le nouveau fils de son père, qui contrairement à Vito était gros et voulait toujours manger, boire ou sucer quelque chose. Mais il jouait du violon d'une manière tout à fait exceptionnelle. Ils avaient dormi dans une chambre à trois lits, sur les rives de l'Hudson. Un bref séjour, vécu à cent à l'heure, à photographier systématiquement avant même de regarder.

Vito voulait aller à Ground Zero. C'était ce qui l'intéressait le plus. Comme tout le monde, il se souvenait parfaitement de ce qu'il faisait en ce jour de septembre. Il était seul avec sa grand-mère, sa mère avait une réunion à l'école. Ses parents venaient juste de se séparer. Il avait imaginé la fin du monde. Il avait attendu devant sa fenêtre l'avion qui allait percuter leur immeuble.

À Ground Zero, il était resté longtemps à regarder l'immense trou noir du chantier. Il y avait énormément de touristes scotchés aux grillages de sécurité, ils prenaient des photos, ils faisaient des commentaires.

Vito n'avait pas cherché son portable, il n'avait pas fait un geste. Il avait déjà imaginé ce cratère en pleine ville, mais le voir, c'était autre chose.

C'était vraiment la fin du monde. Tout avait été bien nettoyé. Des années avaient passé. Pourtant tout était là. Dans cet immense vide noir.

Vito avait vu toutes ces histoires à la télé, les gens qui cherchaient à reconnaître un corps qui tombait, sur un photogramme. D'un homme immobile pour l'éternité, la tête en bas.

Le gamin de son père était insupportable. C'était son frère, d'accord, mais à moitié seulement ; il vivait avec une autre mère et ils avaient beaucoup plus d'argent qu'eux.

Il s'était senti incroyablement seul.

Comme ce jour où les tours qui s'effondraient, c'étaient ses parents.

Il avait contenu sa mauvaise humeur. Ils étaient allés à Central Park, ils avaient fait le tour du lac. Lui ne pouvait effacer l'image de ce grand lac noirci, à quelques pâtés de maisons de là. Le soir, il n'avait pas voulu jouer aux superhéros avec son frère sur la table de chez Joe Allen. Son père s'était mis en colère contre lui, et lui s'était mis en colère contre son père. Il était resté toute la nuit, l'ordinateur vissé sur les genoux, devant la fenêtre donnant sur la skyline amputée des deux tours. Avant, il avait une famille. Maintenant il n'avait plus que des doutes et l'argent que son père lui donnait de temps à autre, pour son iPod, pour ses vêtements. Il avait songé à faire exploser la vitre qui descendait jusqu'au sol et à se jeter dans le vide. Mais bien sûr ce ne pouvait être qu'une vitre antieffraction.

Il ne pouvait pas se débarrasser de cette sensation, cette odeur nauséabonde de brûlé de son Ground Zero. Il s'en rendit compte à Tripoli. Pour un rien, devant le fumet puissant du café et des épices relevées qui évoquaient peut-être les relents multiethniques de New York, il sentit l'angoisse monter en lui puis s'effacer. Exactement comme la fumée qui sort puis disparaît, se dissipe dans l'air.

Tripoli était leur niveau zéro, leur mémoire rasée jusqu'aux fondations, liquéfiée.

Son père disait qu'Angelina était restée une exilée. Quelqu'un qui attend de rentrer. Et que même son mariage avait été un passage obligé.

Son père a été confectionné par un tailleur sur le modèle de ses robes d'avocat : il s'esquive toujours derrière un flot de paroles qui submergent la vie, qui la diluent jusqu'à l'émousser. Sa mère est tout le contraire, elle ne peut qu'être elle-même. Elle ne porte pas de vêtements élégants, elle ne porte même pas de soutien-gorge. Vito comprend maintenant pourquoi son père a divorcé. Quelquefois, lui aussi, il a l'impression d'être pris au piège. Angelina est capable de rester silencieuse pendant des journées entières. Elle ne lui fait pas de reproches. Simplement elle se met à vivre en silence, comme Gandhi. Elle lui laisse des petits billets. Elle est née pour être célibataire. Une alpiniste solitaire.

Une fois, sur l'un de ses billets, il y avait écrit : *briser le mur des émotions*. C'était un message pour lui ou pour elle-même ? Vito l'avait froissé, en avait fait une boule, comme de tous les autres.

Durant ces journées passées à Tripoli, Vito comprit beaucoup de choses sur elle et sur son mal d'Afrique. Cette maladie peu aiguë, caduque, consistant en des poussées qui régressent ensuite tels les accès de fièvre de la malaria et vous laissent les yeux vitreux, blessés, la langue douloureuse, incapable de parler. Comme si elle avait été mordue à l'intérieur de la bouche par un animal embusqué. Maintenant l'animal était sorti, superbe, vorace.

Vito regarde le ventre et les hanches de sa mère qui bougent différemment, comme si elle avait épousé le rythme de cette mer-là, de ces longues vagues filandreuses. Du gamin qui jouait de l'oud près de la fontaine de la Gazelle. Elle enlève même ses savates, elle les tient à la main et laisse ses talons devenir noirs, avec fierté.

Elle était allée en ville faire une biopsie. Elle avait réfléchi aux choses déplaisantes qui prenaient la place des choses belles, désormais disparues, et maintenant elle appréciait pleinement cette mutilation. Comme quand elle avait guéri du cancer.

Santa avançait telle une morte vivante dans le calvaire de ces retrouvailles, trop soudaines pour ne pas être douloureuses. Angelina la soutenait.

Elles avaient pénétré dans le tamis des souvenirs, d'abord timidement, puis comme prises de folie. Elles passaient de la colère à la joie. Les cheveux en désordre, les yeux emplis d'éclairs dans lesquels semblait se refléter la peur de toute cette époque et de toute cette faim. De tous ces bateaux de pêche rentrés au port, et de tous ceux qui avaient coulé au milieu des tempêtes. Des yeux berbères, à l'évidence. Qui fouillaient les profondeurs des biens volés et jamais rendus.

Santa devenait de plus en plus intrépide. Elle ne souffrait plus de son arthrose, de ces clous enfoncés, elle était agile et dégourdie. Elle avait grimpé sur une mezzanine, sous les arcades ottomanes : *ici, c'était la cuisine d'Ahmed et Concetta, tu te souviens ? Les* foccace *à la crème et aux aubergines... la viande saupoudrée d'épice entre des feuilles de vigne...* Venaient ensuite les vieux bâtiments de l'époque fasciste... *et là, il y avait le barbier, tu te souviens ? Tu faisais du cheval avec sa fille...*

L'église Notre-Dame de la Garde était devenue un complexe sportif, et la cathédrale une mosquée. Puis la place du Château et la place d'Italie réunies pour faire la grande Place verte du Raïs.

Ils avaient traversé le pont de chemin de fer, vers le quartier des Case Operaie.

L'endroit était méconnaissable. Le neuf avait recouvert l'ancien. Il était vraiment difficile de se repérer. La maison devait être ici, à l'endroit où se dressait maintenant un immeuble à structure métallique. L'atelier où l'on fabriquait les bougies aussi était enfoui quelque part par là. Santa arpentait les rues, en transe ; elle parlait à voix basse aux pierres, on aurait dit un sourcier qui interroge la terre.

Vito repensa à Ground Zero. À ce qui allait pousser là-dessus. Au fait qu'un jour, personne n'y penserait plus.

Un peu plus tard, ils rejoignirent le cimetière d'Hammangi. Des sacs-poubelle languissaient sous le soleil, des sommiers abandonnés. Maintenant on enterrait là les nouveaux étrangers, des Chinois, des Égyptiens. Le vieux cimetière chrétien avait repris vie. La section italienne était une espèce de chantier. Des pans entiers de niches éventrées, étage après étage, comme une bibliothèque vide. Ils passèrent le long des tombes abandonnées des soldats inconnus et du mausolée de marbre d'Italo Balbo, vide lui aussi.

Ils arrivèrent à la section des enfants. Tous les enfants morts lors de l'épidémie de gastroentérite et les autres.

Santa se mit à la recherche de son nouveau-né, mort cinquante ans plus tôt. Elle chaussa ses lunettes, monta sur l'escabeau pour lire les noms inscrits tout en haut. Elle passa la main dans chacune des ouvertures, fouillant parmi les restes avec des gestes familiers, comme quand elle choisissait ses légumes et ses fruits sur le marché, déplaçant les cagettes, fouillant dessous. Comme si c'était quelque chose d'habituel. Alors que c'était tout à fait surréel. Des niches sales, habitées par les rats. Les familles les plus riches avaient pu faire rapatrier leurs chers défunts, eux n'avaient pas eu assez d'argent pour espérer y prétendre. Mais, devenue vieille, Santa avait perdu un peu la mémoire. À sa façon, elle s'était arrangée avec les souvenirs de la Libye. Maintenant elle disait que cela avait été une bonne chose que de laisser la dépouille du petit Vito à Tripoli, où il était né, où il avait vécu si brièvement.

Vito était inquiet. Un rot violent lui monta à la gorge et lui fit mal. Il espérait pour sa grand-mère qu'elle allait trouver, mais lui redoutait vraiment de voir son propre nom écrit sur une pierre tombale. Angelina s'éloigna dans la direction opposée, ses souvenirs ne coïncidaient pas avec ceux de sa mère. Elle s'arrêta, furieuse.

Qu'est-ce que tu fais ? C'est pas là ! lui hurlait sa mère.

Elle avait commencé à se disputer avec sa fille, elles échangèrent des mots complètement absurdes dans ce cimetière. En s'égosillant comme sur le marché. Elles se jetèrent à la figure des rancœurs aux relents de moisi, elles en étaient comiques. Elles étaient épuisées. Puis cela se finit comme à chaque fois, Angelina prit le bras de sa mère, elle l'aida à affronter ce déferlement.

Le cimetière chrétien avait été profané à plusieurs reprises, on avait utilisé les restes humains pour des rituels macabres. Elles cherchèrent jusqu'à la tombée de la nuit. À un endroit se dressait un grand arbre dont les racines s'étaient faufilées dans les tombes. Peut-être que le nouveau-né avait nourri cet arbre centenaire. Ce fut la pensée la plus réconfortante qu'elles purent avoir.

Puis sa grand-mère pleura. Son visage ridé était comme un bateau au milieu de larmes qui semblaient ne jamais vouloir tarir. Ce fut une scène difficile pour Vito. Il pensa qu'il était terriblement injuste de voir quelqu'un d'âgé pleurer. Plus injuste que n'importe quoi au monde.

Elle avait apporté un bouquet de tournesols, qui s'étaient fanés pendant le voyage. Elle ne savait plus quoi en faire. Elle se pencha et posa dans un coin ce qu'il en restait, une touffe d'yeux jaunâtres qui semblaient avoir été arrachés à des pantins en fin de course.

Avant de retourner à l'hôtel, ils se promenèrent dans le souk. Les batteurs de fer, le henné rouge, les dattes noires, les épices. Maintenant, ils étaient vraiment des âmes en peine. Angelina se laissait emporter par la foule, rejetée d'un côté puis de l'autre telle une poupée de chiffon, enluminée du châle bleu qu'elle avait acheté pour entrer dans la mosquée Dorouj.

Ce n'est qu'à ce moment-là que Vito comprit ce que voulait dire Antonio, son grand-père, quand il affirmait *l'histoire de l'homme se confond avec celle de sa faim.* Des crève-la-faim qui s'en vont ailleurs. La faim des pauvres, des colons, des réfugiés. La faim insatiable des puissants.

Vito s'était empiffré de couscous aux épices.

Le lendemain, ils recrutèrent un jeune guide, Namek, un étudiant qui paraissait beaucoup moins que ses vingt-deux ans. Pour Vito, ce fut une diversion. Un garçon avec lequel il pouvait parler. Namek était sympathique et un peu timbré. Il se passionnait pour l'art et pour l'escalade. Ils se mirent en route en direction des villages berbères et des fouilles archéologiques, jusqu'à Leptis Magna, jusqu'à la mer.

Ils passèrent tout près des fermes fortifiées italiennes. Des portails béant sur le vide, des bâtiments marqués de rouge pour être démolis, une gare ferroviaire morte. Santa demanda : *qui nous dédommagera de ce qu'ils nous ont volé ? On avait des oliveraies et des amis. On avait une histoire.*

Ce n'est qu'au moment de rentrer que sa mère avait voulu partir à la recherche d'Ali. Elle retrouva l'hévéa sous lequel ils se rencontraient, et qui n'était plus qu'un vieux tronc tout tordu, malade, marqué de boules dures et noires. Elle retrouva la vieille maison de briques poudreuses au-delà de la ville.

Des ruches, des abeilles et du reste, pas la moindre trace, le lieu avait été abandonné. Une porte aux vantaux pourris, arrachés, inutilement fermée par un verrou rouillé. On apercevait l'intérieur sombre comme une écurie, des taches là où les faïences s'étaient décollées sur les parois fissurées par où filtrait la lumière de l'extérieur. Des figuiers de Barbarie qui avaient poussé un peu partout et un toit écroulé qui ne pouvait abriter désormais que des oiseaux.

Sur un terre-plein de sable, quelques enfants jouaient au ballon. Angelina interrogea une vieille femme enveloppée dans un burnous de laine et assise sur un siège de voiture au milieu des champs pelés, en train de confectionner des pétards pour le Mouloud, l'anniversaire du Prophète.

C'était la première fois que Vito entendait sa mère parler arabe. C'était une voix différente de sa voix habituelle, elle semblait sortir d'une autre gorge. La vieille secoua la tête, Gazel, le vieil apiculteur, était mort depuis longtemps. Ali habitait en centre-ville, dans le quartier protégé.

Namek les conduisit jusqu'à l'immeuble d'Ali, dans la vieille ville juive. Mais il ne voulut pas les suivre sous les arches, le long des escaliers. Il secoua la tête, dit qu'il les attendrait au bar, celui qui avait des parasols ouverts, derrière la tour de l'Horloge.

Il y avait un judas sur la porte sombre, ils entendirent un certain remue-ménage à l'intérieur et ils comprirent qu'on les espionnait. Angelina toussa, elle arrangea ses cheveux en regardant le judas. Puis la porte s'ouvrit et une voix résonna derrière un bout de nez, par la fente de la porte entrebâillée retenue par une chaîne.

La femme qui les fit entrer était imposante, un voile en désordre qu'elle avait dû nouer autour de sa tête à la va-vite. Elle les conduisit à un salon avec de hauts plafonds peints. Deux grandes portes-fenêtres aux volets entrouverts sur la rue. De la mosquée voisine parvenait le chant aigu du muezzin qui appelait à la prière de midi. L'ameublement moderne, de mauvais goût, jurait dans cette architecture traditionnelle. Des meubles plastifiés, des canapés de cuir aux accoudoirs énormes.

Vito et sa mère furent invités à s'asseoir. Une autre femme, plus jeune, apporta sur un plateau des boissons gazeuses et colorées. Du faux jus d'orange, du faux Coca-Cola.

Ils attendirent presque une heure, en regardant l'écran noir d'une immense télévision plasma posée sur une petite table de verre à côté de laquelle se trouvait une plante d'ornement. Derrière la porte, on voyait de temps en temps apparaître des têtes d'enfants, d'âges différents, qui ne passaient jamais le seuil.

Ali finit par arriver. Il était élégamment vêtu, mais il ne semblait pas venir de l'extérieur et Vito ne comprit pas pourquoi il les avait fait patienter si longtemps. C'était un bel homme, grand, sans une once de gras, la chevelure encore touffue, de grandes moustaches noires sous ses lunettes. Il portait une saharienne et des mocassins d'été couleur cuivre.

Il tendit la main à Angelina.

Il ne s'assit pas sur le canapé à côté d'eux mais sur une chaise au dossier très haut et très droit ; il croisa ses longues jambes filiformes.

Il parlait bien italien.

Il avait des manières courtoises mais fermes. Deux rides nettes comme des coups de couteau sur ses joues creusées. Une voix persuasive et profonde, teintée de mélancolie. À un moment, il dit quelque chose en arabe que Vito ne comprit pas, et qui avait tout l'air d'être un reproche.

Vito vit sa mère se recroqueviller sur le canapé. Elle n'arrivait pas à trouver la bonne position, elle s'enfonçait trop, et elle était obligée de se tenir d'une manière fort peu naturelle.

Maintenant, Ali ne tambourinait plus des doigts, il regardait Angelina droit dans les yeux. Ils évoquèrent le bon vieux temps, les plongeons depuis la terrasse du Château.

Angelina ne lui demanda pas pourquoi il n'avait pas tenu sa promesse ; du reste, elle aussi, elle avait oublié Ali.

Mais peut-être pas tout à fait.

Ce fut ce que pensa Vito, à la regarder.

Cela l'irrita. Il pensa que si Kadhafi les avait laissés grandir, elle et lui, sur la même rive, il ne serait jamais né ; sa mère serait allée se promener entre les puits de pétrole et les gratte-ciel, dans le désert, à bord d'une de ces jeeps couleur de boue, ses yeux bistrés de kajal tout près de cet Arabe au visage de cuir.

Il exhalait un parfum violent, de santal et d'autre chose. Vito n'aimait pas cette odeur.

Il devait être très riche. Il y avait une drôle d'atmosphère dans sa maison, peut-être parce que la lumière y entrait peu. On aurait dit une sorte de mausolée.

Quand ils évoquèrent l'épisode des abeilles, Ali se mit debout, il ouvrit grand les bras comme autrefois, comme un épouvantail du désert.

Angelina sourit, leva une main.

— Y a combien de doigts ?

Ali sourit lui aussi, mais d'un sourire un peu triste. Il dit qu'à présent il avait de bonnes lunettes, avec plusieurs foyers dans une même épaisseur de verre.

Il enleva ses lunettes, frotta ses yeux cernés enfoncés dans des orbites saillantes comme celles d'une tête de mort. Il regarda Angelina.

— Maintenant je ne peux plus me permettre de ne pas y voir de loin.

Il avait des manières courtoises, de longues mains distinguées. Il croisait les jambes négligemment, un pied nonchalamment sorti de ce mocassin sans talon, couleur cuivre.

Ses yeux pourtant étaient fixes, pénétrants. Ils

ressemblaient à cette maison pétrifiée, sans un souffle d'air comme un bunker.

C'était l'heure du déjeuner et les deux femmes servirent un grand plat collectif de chorba. La grosse était sa première femme, la plus jeune sa dernière. Elle était habillée à l'occidentale, d'une robe bleue, plutôt laide. Elle avait un solitaire aussi gros qu'un caillou à l'annulaire ; elle fumait beaucoup, des cigarettes. Elle paraissait plus triste que la grosse dondon voilée, laquelle, en revanche, avait des yeux malins, curieux de tout. Quand elle passait devant son mari, elle s'inclinait légèrement.

Angelina ne posa aucune question sur elles, elle se contenta de les regarder.

Ali dit que sa deuxième femme était égyptienne.

— Elle n'aime pas rester à la maison, elle voudrait voyager, mais j'ai trop de choses à faire.

Angelina dit qu'elle avait divorcé, elle aussi, mais qu'elle n'avait pas d'autres maris autour d'elle. Ali sourit. Il y eut un long silence.

— Tu lis toujours des poésies ?

Ali ne répondit pas tout de suite, il hocha la tête, il dit qu'il lisait encore beaucoup, mais seulement des textes politiques. Il travaillait pour l'État, c'était un serviteur de la Libye. Sa vie était consacrée à cela.

Angelina regarda le salon, le sol avec des briques

émaillées au pinceau, les hautes fenêtres qui donnaient sur la galerie.

— J'ai l'impression d'être déjà venue ici...

À présent Ali était pensif, peut-être en avait-il assez de cette visite. Ses yeux ressemblaient à deux insectes desséchés derrière les verres de ses lunettes.

Il insista pour qu'ils goûtent quelques cuillérées d'un miel étrange.

Angelina lui demanda si c'était le sien, celui de ses ruches. Elle pensait qu'il était devenu producteur de miel. Ali secoua la tête.

— C'est du miel amer de la Cyrénaïque.

Il regarda longuement Vito.

— Tu aimes ?

Vito n'aimait pas.

Le visage d'Ali se durcit, il sourit et l'une de ses dents du fond était en or.

— Les ancêtres de notre Caïd sont morts dans les camps italiens de la Cyrénaïque, tu savais ça ?

Il se leva, dit qu'il devait partir.

Choukran, merci.

Il les accompagna jusqu'à la porte.

Ce n'est qu'un long moment après, tandis qu'elle regardait les grilles blanches et la cour, qu'Angelina se souvint qu'autrefois cette grosse maison était habitée par des Italiens. Que c'était peut-être la maison de Renata, sa camarade de classe juive de Padoue.

Elle questionna Namek tandis que le garçon de café servait un thé à la menthe en éloignant le bec de la théière des minuscules tasses, d'un geste ample et assuré. Le jeune guide regarda autour de lui comme si quelqu'un allait l'arrêter d'un moment à l'autre. Il avait peur qu'il y ait *une antenne*, un espion. La place était déserte, une légère brise marine y soufflait. Il connaissait bien Ali, c'était un gros bonnet des mukhabarat, les services secrets de Kadhafi. Il connaissait sa brigade, ils sillonnaient les rues à toute vitesse, terrorisant les gens. Ils allaient chercher les dissidents dans leur maison à l'aube. De temps à autre, ils montraient à la télévision la liste des traîtres et des extraits d'interrogatoires pour faire peur à la population. Pendant les pauses publicitaires, ils frappaient les dissidents. On pouvait voir leurs yeux devenir de plus en plus tristes, de plus en plus lointains. Ils devaient avouer, donner les noms de leurs camarades. Puis on les emmenait dans la prison d'Abou Salim, ou alors on les enterrait vivants dans des fosses sous le sable, en dehors de la ville. Namek était berbère, plusieurs personnes de sa famille avaient été persécutées. Le Raïs détestait les Berbères, ils n'avaient pas le droit de parler leur langue, d'écrire leur alphabet. Nombre d'entre eux n'étaient jamais revenus. Forcés de répéter *Je suis un rat abject, vive Mouammar, vive Mouammar* pendant qu'on les torturait, jusqu'à devenir fous, les étudiantes violées par des miliciens ivres qui bourraient les poches de leurs uniformes de Viagra et de préservatifs.

Angelina se leva et disparut un instant.

Quand elle revint, son visage semblait déformé, comme si elle s'était cognée contre quelque chose et qu'elle en portait la trace.

Vito repensa à ce petit mot, laissé dans la cuisine : *briser le mur des émotions*.

Qu'y avait-il, derrière ce mur ?

La mer, le matin

Farid s'est recroquevillé tout contre sa mère, dans la lourde embarcation. Il ne se plaint plus, il est déshydraté. Il a des fourmis plein les jambes, ces fourmis qui autrefois grimpaient le long de ses bras et le faisaient rire, maintenant, elles sont à l'intérieur de lui. Elles marchent. C'est cela, les pattes de l'histoire ?

Jamila sent le poids de son fils qui s'amenuise. Avant elle lui disait de dormir, à présent elle fait tout pour le tenir éveillé. Elle lui raconte une histoire, celle d'un enfant qui va devenir grand. C'est un mensonge comme toutes les histoires.

Il n'y a plus d'eau depuis longtemps déjà.

Les lèvres de l'enfant sont des croûtes craquelées à l'image du bois de ce bateau. Jamila fixe cette cavité obscure, vide. Elle se penche, elle fait couler un peu de sa salive entre les lèvres de son fils. La mer à présent est une mine qui s'est fermée sur leur tête, la maison du diable. Les abysses sont remontés jusqu'à la surface. Elle a traversé des périodes de désespoir, d'intense frayeur. Maintenant elle n'attend plus que son destin. Le dernier visage de l'histoire. Elle le guette, elle le cherche, la chair rongée par les éclats de sel, dans un endroit qui n'a plus d'horizon. Il n'y a que la mer. La mer qui devait apporter le salut et qui n'est plus qu'un cercle de feu mouillé. Un cœur noir.

Elle a donné tout son argent pour ce voyage, les dinars d'Omar, les euros et les dollars de grand-père Mussa, des billets froissés, graisseux. Elle les a donnés en même temps que tous les autres pour monter dans ce bateau que personne ne pilote. Rien qu'un œil de plastique et des jerrycans de gasoil qui sont désormais presque tous vides. Personne ne connaît la mer, ils seront peu à rester à la surface. Ce sont des créatures de sable.

Le Somalien délire, il a une maladie de peau, des pustules sanguinolentes qu'il n'arrête pas de gratter. Il a de la fièvre, il s'agite, on dirait qu'il est possédé par un esprit malin. Il s'est déshabillé, et ce n'est pas beau à voir, un gamin nu qui essaye d'enjamber les autres corps. Les autres n'en peuvent plus de lui, ils veulent le jeter par-dessus bord. Ils crient à tue-tête que les Somaliens sont tous des pirates.

Le Somalien crache dans la mer, il hurle que s'il est malade, c'est la faute de la mer, de la boue blanche qui flotte sur les eaux de Mogadiscio, la faute des bidons de déchets laissés au fond par les navires des pays riches. À présent il agite le bras comme s'il tenait une machette. C'était son métier, abattre les arbres, les enterrer, les faire brûler dans le sable pour en faire du charbon. Il rit, il dit que tout disparaîtra, que les animaux n'ont plus d'arbres, plus d'endroits où paître.

C'est la faute du charbon. Personne ne pense au futur, tout le monde pense à survivre au présent. Et peu importe si l'on tue son pays. Les pauvres ne peuvent pas penser à l'avenir. Il rit, il dit qu'ils ont tellement hâte de le vendre, le charbon provenant de leurs arbres, qu'ils le mettent en sacs alors même qu'il n'a pas fini de se consumer, et parfois les navires prennent feu. Il s'époumone, il se gratte, il se roule comme du charbon ardent. Il attrape le pistolet lance-fusées, il fait partir la toute dernière. Cette fois-ci, elle s'élève dans le ciel, incroyablement haut, une trajectoire parfaite, un arc de gouttes lumineuses.

Tout le monde regarde ce feu d'artifice. Tout le monde remercie Dieu de s'être manifesté. Tout le monde sort de cet état de pré-mort. Ils chantent les louanges du Somalien pyromane. Quelqu'un va les voir. Un navire plein de militaires en uniforme blanc viendra les sauver, ils leur tendront leurs mains gantées, des plats entiers de victuailles, des crèmes miraculeuses contre l'herpès.

Ils restent là, immobiles, à regarder la mer dans l'obscurité tels des calamars groupés autour d'une lumière.

Farid est de plus en plus léger. On dirait un enfant de bambou, de bois creux. Ses jambes sont deux bâtonnets ballants ; au bout, des pieds sales. Jamila lui a enlevé ses sandales, elle lui a ordonné *bouge les orteils.* C'est l'un des derniers gestes que l'enfant a faits, il a essayé de bouger ses petits pieds, de garder ses orteils en vie. À présent sa respiration a des relents de charbon, c'est un râle rauque qui vient du tréfonds. Qui semble émaner d'un corps bien plus grand, bien plus âgé. Peut-être que le gamin a grandi pendant le voyage.

Jamila lui caresse le front, les cheveux que la mer a rendus secs, elle le serre contre elle. Farid a les yeux mi-clos. Jamila regarde ces fissures blanches qui bougent, là derrière, et qui la cherchent. Maintenant il est calme, comme lorsqu'il est sur le point de s'endormir et qu'il livre la dernière bataille de la journée contre ses paupières qui se ferment.

Il a toujours été un enfant calme. Un petit homme.

Jamila se souvient quand il lui demandait la permission d'aller faire pipi dans le jardin, parce qu'il était trop tard pour aller jusqu'aux toilettes. Il écartait les jambes, il sortait son petit oiseau, elle, elle lui disait d'aller un peu plus loin, mais il avait peur du noir, peur de sortir du cercle de lumière de la lampe.

Omar aussi pissait parfois dans le jardin. Jamila lui faisait des reproches, la chaleur allait amener l'odeur d'urine jusque dans la maison. Omar riait, découvrant ses dents blanches qui trouaient l'obscurité. Ils projetaient leurs jets ensemble, le père et le fils, le grand et le petit. C'était un geste d'homme, un geste qui les réunissait. Parfois ils faisaient se croiser leurs jets, parfois c'était à qui creuserait le plus grand trou dans le sable.

Jamila ne sait pas pourquoi elle pense à des choses aussi stupides.

Il y a tant de choses plus importantes dont elle pourrait se souvenir. Au lieu de cela, elle pense à ces deux giclées de pisse dans son jardin, à la façon dont elle hurlait *allez plus loin! Plus loin! Mes fleurs vont finir par puer et se dessécher!*

Jamila est un insecte qui s'éteint. Son cœur est un fanal qui résiste. Pour combien de temps encore? Le temps d'illuminer la nuit de Farid.

Un jour, elle lui a attaché autour du cou un petit sac de cuir aussi doux que le velours, elle a chassé les fantômes, elle a soufflé pour y faire entrer les rêves les plus beaux.

Quand elle a vu la mer, elle l'a trouvé grande et mouillée, mais c'est tout. Un territoire facile, sans arme. Une bénédiction. Elle ne savait pas qu'elle était sans limite, qu'elle criait de tous les côtés. Cela fait des jours et des nuits que son visage noir et muet monte et descend au rythme des vagues. Ses mains se sont recroquevillées comme des racines à l'air libre. Elle serre son fils, sa petite datte.

À la maison, Farid jouait avec des morceaux d'antenne, des bouts de câble dont son père ne se servait plus.

Jamila l'enverra à l'école en Italie. Elle a des amis dans le nord du pays, elle essayera d'aller les voir. Eux aussi, ils sont arrivés par la mer, mais à bord d'un bateau plus petit et plus rapide. À présent ils sont bien installés, ils tiennent un pressing dans le quartier des coiffeurs chinois. Au début, cela a été terrible, ils dormaient dans le parc, ils devaient fuir sans cesse. Eux, on les traitera mieux. Ce ne sont pas de simples clandestins, ce sont des réfugiés, ils fuient la guerre. Ils obtiendront un permis de séjour temporaire. Ils demanderont l'asile. Elle pourra chercher un travail, apprendre l'italien dans des cours du soir. Peut-être qu'un jour elle reviendra chez elle. Elle s'assiéra et elle regardera sa vie. Farid sera un jeune homme à ce moment-là, des fesses proéminentes et des épaules étroites comme son père. Le même sourire de pêcher. Il sera doué en électricité, comme lui. Les mêmes doigts longs tels des tournevis.

La gazelle est en mer. Dieu sait comment, mais elle est là. Immobile sur les lames bleues des vagues, dans une attitude royale, comme tout en haut d'une dune. Elle se tourne pour regarder Farid, ses cornes, luisantes, annelées, ne bougent pas.

C'est un petit animal courageux et fier, elle a des pattes fines, des muscles nerveux et une bande noire sur son dos qui frémit quand le danger approche. C'est la plus belle décoration du désert. Elle a une ouïe qui perce le silence, des yeux merveilleux : des cornées transparentes et ces fameuses pupilles brillantes qui voient les aigles dans le ciel, les lycaons cachés dans les buissons. Pendant la période de sécheresse estivale, quand tous les animaux quittent les régions désertiques et les steppes brûlées, la gazelle reste fidèle aux lieux qui sont les siens, et souvent sa chair nourrit les grands carnivores qui mourraient s'il en était autrement. Elle court d'une manière un peu comique, presque sans toucher le sable. Elle laisse un sillage de traces, aussi petites et rondes que des pièces de monnaie. Elle est très rapide, elle doit l'être si elle veut survivre. De temps en temps elle s'arrête et elle regarde derrière elle, comme le font les enfants, et cette curiosité peut lui être fatale. Saisie à la gorge, la gazelle ne se débat pas, elle se laisse entraîner et mettre à mort. Les poètes arabes ont chanté pour elle, ils ont élevé son regard innocent au sommet de la beauté du monde.

Tandis qu'il se meurt, Farid pense à la gazelle, à ses yeux qui s'approchaient si près des siens, à sa bouche aux dents plates qui mangeait au creux de sa main dans le jardin des pistaches.

Tandis que Farid se meurt, Jamila continue à le serrer contre elle, à chanter. Elle ne veut pas que les autres s'en aperçoivent, maintenant ils sont sans pitié. Elle a vu les corps qu'on jetait à la mer. Elle a réussi à rester en vie et elle est toujours là. Elle sait qu'en fin de compte c'est mieux qu'il en ait été ainsi, que son cœur ait tenu le coup. La seule chose qui la terrorisait à présent, c'était l'idée de mourir avant son enfant, de le laisser tomber de ses bras. De lui faire éprouver la grande solitude de la mer. Le cœur noir.

Une fois, dans le désert, elle a vu un petit fennec à côté de sa mère morte, tout seul, encerclé par les appels des prédateurs nocturnes qui se rapprochaient, l'air pacifique, au rythme de leurs corps rampants.

Elle regarde le porte-bonheur autour du cou de son fils, il ne palpite plus sur la gorge de l'enfant qui s'est étirée comme celle des animaux que l'on a tués.

Personne ne descendra à terre de ce bateau. C'est la dernière goutte de gasoil, et on ne sait plus quel cap choisir. Un navire passera dans le lointain, il ne s'arrêtera pas.

Des mains se crispent à la surface. Des poumons éclatent sans faire de bruit. Des corps tombent et sont entraînés vers le fond, ils basculent tels des singes sur des lianes perdues. Des créatures de sable gonflées d'eau de mer, que la faim des poissons réduit en lambeaux.

Le restaurant sur la plage est vide.

Il n'y a qu'un brigadier qui mange un plat unique de pâtes *'ncasciata*, sous la pergola ; il lit un journal.

Le propriétaire du restaurant est descendu sur la plage, en tablier blanc et tee-shirt marqué au nom de l'établissement. Il regarde la mer, les mains sur les hanches.

Vito marche sur la plage.

Le corps d'une méduse à côté d'un sac de plastique noir de goudron.

Cette année la mer est une muraille de méduses.

Ce n'est pas ce qui empêchera les touristes de venir.

Vito marche sur la plage.

Il les a vus, ces gros bateaux remplis de gens et malodorants comme des bidons de détritus. Les jeunes d'Afrique du Nord, ceux qui reviennent de la guerre, des camps de réfugiés, et ceux qui se sont incrustés. Il a vu leurs yeux hallucinés, les enfants survivants qui passaient, les crises d'hypothermie. Les couvertures d'argent. Il a vu la peur de la mer et la peur de la terre.

Il a vu l'énergie de ceux qui n'ont plus rien à perdre, *je veux travailler, je veux travailler. Je veux aller en France, dans le nord de l'Europe, pour travailler.*

Il a vu la détermination et la pureté. La beauté des yeux, la blancheur des dents.

Il a vu l'humiliation. Traités comme des porcs.

Les dos des jeunes contre un mur, les militaires qui leur prenaient leurs lacets et leurs ceintures.

Il a vu la lutte pour leur venir en aide, les vêtements trouvés pour les enfants, les dons collectés par des pauvres dans une colère noire, parce que c'est toujours à eux que le Christ s'adresse.

Il a vu le ras-le-bol, la peur des épidémies. Les gens protester, empêcher l'accès aux môles, aux pontons. Et puis tout recommencer, se jeter à la mer en pleine nuit pour ramener à terre ces pauvres gens qui ne savent même pas nager.

Et tu ne sais jamais qui tu sauves, peut-être un taulard. Un type qui te volera ton portable, qui conduira à contresens ivre mort, qui violera une fille, une infirmière qui rentre chez elle après sa garde de nuit.

Il en a entendu, Vito, des propos de ce genre, ramassis de discours primaires. La colère des pauvres contre les autres pauvres.

Sauver celui qui va t'assassiner, c'est peut-être ça, la charité. Mais ici-bas personne n'est un saint. Et le monde ne devrait pas avoir besoin de martyrs, seulement d'une plus grande égalité.

Angelina est à sa fenêtre. Elle attend son fils qui n'est pas rentré. Cela ne fait rien. Elle sait bien qu'un jour il ne rentrera plus. Que c'est la vie.

Peut-être qu'elle n'a pas été une bonne mère. Elle a été un lézard amputé de sa queue. Vito a été la nouvelle queue.

Comment tu peux encore y croire ?

La télévision est éteinte. C'est une vieille télé, qui marche mal, qui est sensible au vent, à la pluie. Il faudrait qu'ils changent de télé, d'antenne. Mais bon, c'est une maison de bord de mer.

Angelina attend que la guerre se termine. Que l'acteur aux mille visages soit arrêté, qu'on lui fasse un procès.

Elle a vu les bombardements de l'Otan. Le refrain habituel *Nous ne frapperons pas d'objectifs civils*. Ils ont bombardé jusqu'à l'usine qui fournissait les bonbonnes d'oxygène à l'hôpital.

Elle a vu les mises en scène, la Place verte remplie de rebelles, fausse, reconstituée par les télés comme un décor de film.

Elle a vu les guerriers avec leurs bandanas, les enfants avec leurs mitraillettes. Elle a tendu le bras vers le poste comme pour arrêter tout ça.

Leur ville détruite, les murs criblés de projectiles, les cratères des explosions. Les palmiers blanchis par les détritus.

Sa mère, Santa, a dit *ils sont en train de nous tirer dessus*.

Nous sommes des Tripolini, et nous ne sommes ni ici ni là-bas, nous sommes au beau milieu de la mer comme ces gosses qui ne peuvent pas accoster.

Elles ont vu les rebelles, des gens ordinaires. Des jeunes filles sans voile qui parlent à la radio, de jeunes universitaires avec des mitrailleuses et des sandales de plage.

Elles ont vu l'ancien drapeau des sénousites.

Elles ont vu les enfants mercenaires, ces petits loyalistes enrôlés pour quelques dinars, agenouillés par terre, exécutés d'une balle dans la nuque à la façon des animaux de la savane.

Elles ont vu la journaliste du journal télévisé qui portait un voile et un pistolet.

Elles ont vu les démineurs, les mains nues, en short, transpirant comme des paysans.

Qu'est-ce qu'elles vont devenir, ces armes, quand tout sera fini ?

Elle s'est réveillée en pleine nuit avec cette question.

Elles serviront pour une autre guerre. Les gaz innervants et les gaz moutarde. L'arsenal du Raïs, les caisses de bois pleines de mitraillettes, de mines, de roquettes, qui portent cette mention surréelle : *pour le ministère de l'Agriculture.*

Des champs truffés de mines. Voilà ce qu'on récoltera.

Toutes les nuits, un nouveau bateau, du fumier humain, des exilés chassés par la faim, par la guerre.

C'est une journée de fin d'été, de câpriers en fleur, un enchantement. Trois jours de tempête et soudain la trêve. La plage est une décharge de bouts de bois, de morceaux de bateaux qui ne sont jamais arrivés. Un musée de la guerre sur la grenaille du sable. Vito fouille, il récupère quelques objets.

Il fait des allers-retours, il tire sur le sable des planches gauchies, des bouts de tapis.

Il s'arrête pour ramasser un petit sac de cuir, on dirait une de ces pochettes dans lesquelles on range des bijoux. Vito a du mal à l'ouvrir, on a fait plusieurs tours, très serrés, avec le cordonnet. Il passe un doigt, il n'y a rien, rien qu'une espèce de morceau de laine tout mouillé et quelques petites perles. Il le jette dans son sac à dos, avec le reste.

Sur l'île, on a créé un cimetière pour les inconnus. Un homme charitable a recueilli les corps rejetés par la mer, il s'est frotté le nez avec de la menthe pour ne pas sentir l'odeur. Il a enfoncé des croix dans la terre, quelqu'un les a enlevées, mais ça ne fait rien, il n'y a qu'un Dieu pour les pauvres. Et tous les jours, Dieu se noie avec eux. Puis il fait pousser l'ail sauvage et le pavot des sables entre les monticules des tombes. Vito est allé s'y promener. C'est un lieu désolé, battu par le vent, d'où la douleur est absente. La mer nettoie tout. Jamais une mère ne vient ici pour pleurer, il n'y a pas de fleurs. Seulement les pensées éphémères des étrangers, des touristes qui s'approchent et déposent un bout de papier, un jouet. Vito s'est assis, il a imaginé le cimetière d'ossements là-dessous comme le squelette d'une barque à l'envers.

Il a pensé aux tortues. Elles viennent sur la plage pour y déposer leurs œufs. L'île est une réserve où pondent les animaux marins. Dans quelque temps, les œufs vont éclore. Vito a assisté à ce spectacle. Les petites tortues qui suivent la marée, qui fuient vers la mer pour échapper à la mort.

À la maison, un peu plus tard, il cloue ce qu'il a ramassé sur une toile. La page d'un journal intime écrite en arabe, la manche d'une chemise, le bras d'une poupée.

C'est un travail auquel il ne donne aucun sens. Dicté par le désespoir sans fond qu'il ressent.

Il passera ainsi les derniers jours de vacances. Dans la remise.

Il faut qu'il décide ce qu'il va faire de sa vie, s'il va la gaspiller ou trouver un moyen d'en tirer quelque chose.

Sa mère lui a dit *il faut que tu trouves un lieu, à l'intérieur de toi, autour de toi. Un lieu qui te corresponde au moins en partie.*

Vito ne supporte pas quand elle est comme ça. Quand elle regarde la mer et qu'elle ne dit rien, qu'elle enfonce ses poings dans les poches de sa veste.

Lui n'est tout simplement pas en mesure de prendre une décision quelle qu'elle soit, il y a pensé mais il a secoué la tête. Peut-être qu'il sera toujours un toquard. Peut-être qu'il n'est pas si intelligent que ça. En tout cas il est lent, il a besoin de temps.

Vito ramène, colle. Des vestiges de ces fuites interrompues.

Il ne sait pas pourquoi il fait ça. Il cherche un endroit. Il veut fixer quelque chose. Des vies qui ne sont jamais arrivées à destination.

Il pense aux yeux de sa mère posés sur la mer et qui continuent à suivre le fil perdu de la pelote qui s'enroule autour de sa gorge. Depuis qu'elle est revenue de Tripoli, elle n'a voulu que des moments heureux. Elle s'est mise à faire la cuisine, des tartes aux figues, des gratins de pâtes, à arranger des bouquets de genêts dans des vases. Elle veut lui laisser des souvenirs. Le sentiment d'avoir derrière soi une maison dans laquelle on peut revenir les yeux fermés, juste pour respirer.

Angelina entre, elle lui demande pourquoi il n'est pas venu déjeuner. Elle regarde l'immense panneau d'objets rejetés par la mer, morceaux de bois cloués, jeans collés.

Elle regarde cette explosion immobile.

— Tu es devenu artiste ?

Vito hausse les épaules, il a les mains toutes noires, de la colle dans les cheveux. Il s'appuie contre le mur, à côté des caisses de bouteilles vides, il se frotte les yeux avec les poignets, il donne un coup de pied dans la poussière.

Il ne laisse pas sa mère s'approcher, il la tient à distance dans l'ombre. Il parle pour lui-même.

— J'ai fixé un naufrage.

Vito a recueilli la mémoire. D'un bidon de fer bleu, d'une chaussure.

Quelqu'un, un jour, en aura besoin. Un jour un Afro-Italien aura envie de se retourner sur la mer de ses ancêtres et de trouver quelque chose. La trace de cette traversée. Comme un pont suspendu.

Angelina ne peut pas tourner la tête pour regarder son fils, elle ressent une véritable honte. Comme si elle l'espionnait tandis qu'il fait l'amour.

Elle s'approche du grand tableau bleu ciel.

Elle touche ces pauvres choses couvertes d'un dépôt, reliques venues de la mer. Lavées par le sel. Ce naufrage sculpté dans sa cabane de jardin. C'est impressionnant, c'est comme un site archéologique intact. Un monde préservé.

Angelina regarde la mer de son fils. Ce qu'il a choisi de la plage, de l'histoire. Un espace intérieur au milieu du ressac du monde.

Elle regarde le petit sac de cuir cloué au centre.

Elle sait que c'est un porte-bonheur. Que les mères du Sahara les préparent la nuit, quand les étoiles veillent sur elles, et qu'elles les mettent au cou de leurs enfants pour conjurer le mauvais œil de la mort.

Elle approche son visage, elle fronce le nez comme un animal. Elle entend le bruit de la mer, tellement semblable à celui du sang.

Et puis c'était arrivé.

Quel mois c'était ? Octobre, toujours octobre. Le mois où les Italiens furent expulsés de Libye. Le mois de son anniversaire. Et Angelina avait vraiment cru qu'elle n'arriverait pas vivante à cet anniversaire-là. Une de ces pensées qui entrent en toi et te mordent aux jambes. Elle avait fait une espèce de testament, mis ses affaires en règle. Son compte en banque, les factures payées bien en vue.

Vito était parti. C'était peut-être pour ça. L'idée de la mort. *Je l'ai élevé, maintenant je peux partir*. Tant pis pour les erreurs. Si nombreuses, et pourtant si peu, quand tu les alignes l'une derrière l'autre, la nuit, pendant que tu es en train de vider un tiroir ou que tu mets de l'ordre dans ton malheur. Les photos d'Afrique et le reste, les vieux billets d'autobus, une enveloppe renfermant des analyses, l'écriture d'un certain homme qui pendant un certain temps a pensé qu'il t'aimait.

Elle avait également écrit une longue lettre à

Vito. *Mon chéri*, c'est par ces mots qu'elle commençait. *Mon enfant*, c'est par ces mots qu'elle commençait. Une de ces lettres écrites la nuit qui ne visent à rien, mais qui vont au fond des choses tandis que les éboueurs passent au pied de la maison. Qui visent trop loin. Là où il ne faut pas aller.

Une mère doit rester en retrait.

Elle avait fumé des cigarettes jusqu'à s'empoisonner, cette nuit-là. Au matin, elle avait jeté le paquet vide et la lettre. Avec une certaine violence.

Elle s'était mise à nettoyer le réfrigérateur. Puis elle avait éliminé tout ce qui ne lui semblait pas digne d'être gardé. De vieilles notes, une boîte de préservatifs périmés qu'elle gardait comme symbole de l'amour sexuel, de sa possibilité. Absurde. Comme tant de choses absurdes. Les pensées, avant tout. Comme le balai qui crissait sur la terrasse.

Elle avait mis des fleurs qui durent longtemps dans les vases. La maison propre. Pour lui, s'il revenait. Elle s'était allongée sur le lit, pieds nus. Pour se donner une idée de ce que serait son cadavre. Et elle avait attendu, longtemps, très longtemps.

Elle ne pensait qu'à Vito. À sa présence à ses côtés.

Elle s'était mise à la fenêtre.

La date de son anniversaire était arrivée. Elle était en vie. Bien sûr, ça n'avait été que de l'angoisse.

Vito depuis Londres avait appelé. On entendait le vacarme du bar italien où il travaillait.

— Bon anniversaire, m'man.

Puis il avait rappelé une demi-heure après.

— T'es au courant, m'man ? Ils l'ont descendu.

Angelina avait entendu les détonations. Le chargeur entier d'une mitrailleuse.

— Qui ? Qui c'est qu'ils ont descendu ?

Elle pensait à Vito à Londres. Aux attentats. Au métro, à la place noire de monde devant la Tate Gallery où il passait ses dimanches.

— Kadhafi, ils ont descendu Kadhafi.

— Ah.

Elle était tombée sur un tapis de pétales, légère, immortelle.

C'était ça, le crime d'octobre.

Elle n'était pas allée sur Internet pour voir le massacre, le rat plein de sang qui cherchait à se réfugier dans un trou de ciment. Elle sait comment finissent les dictateurs. Quand leur corps devient un mannequin que l'on traîne par terre. Le déchaînement insensé de la colère posthume. Pas la moindre joie, rien qu'un macabre trophée qui salit les vivants.

La mémoire est une couche de chaux sur les trottoirs du sang.

Nous sommes libres. Hourra hourra.

Table

La photocomposition de cet ouvrage
a été réalisée par
GRAPHIC HAINAUT
59163 Condé-sur-l'Escaut

Cet ouvrage a été imprimé
en juillet 2012 par

FIRMIN-DIDOT

27650 Mesnil-sur-l'Estrée
N° d'édition : 52499/01
N° d'impression : 113367
Dépôt légal : août 2012

Imprimé en France